Contenido

1

El matrimonio:

¿Es la respuesta para usted?

arece que ha pasado tanto tiempo: ¡1959! Dos
meses fuera de la universidad y un mes fuera
de la escuela de graduados me zambullí: Me
casé. Veintidós años de soltería llegaron a su fin. Realmente
ansiaba casarme. ¿Sabía en realidad qué esperar? ¿Sabía cómo
funcionar como esposo? Realmente no. Así que supongo que
podría decir que no estaba plenamente preparado para lo
que encontré. Eso es cierto. Pero comencé a aprender y esto
ha continuado durante más de 35 años.

El matrimonio: Usted quiere casarse o no estaría leyendo
a estas alturas. De hecho, está buscando ese espécimen
perfecto que será todo lo que usted quiere y que satisfará
todas sus necesidades y solicitudes no pronunciadas. *¡Pero
no va a encontrar a esa persona!* Cada candidato o candidata
que encuentre tendrá defectos y será incompatible con
usted. Eso es correcto. Todos comenzamos el matrimonio

con las mismas condiciones. Siga buscando, pero esté seguro de que inclusive con la mejor pareja que encuentre, al principio no será compatible. Sin embargo, puede *volverse* compatible. Planifique esto como una meta principal del matrimonio para los primeros cinco a diez años. Eso es lo que lleva si usted trabaja en ello. Si no lo hace, puede que nunca aprendan a interconectarse. Es alarmante, ¿no es cierto? ¡Quiero que se sienta alarmado! Quiero que tome conciencia de lo que significa estar casado y convertirlo en una experiencia satisfactoria para usted. Pensemos un poco acerca de usted y del matrimonio.

Si usted está considerando el matrimonio, debe tener algunas esperanzas y sueños al respecto. ¿Qué es exactamente lo que espera que haga el matrimonio para usted? Cuando trabajé con una cantidad de departamentos universitarios y grupos de solteros en iglesias, formulé una pregunta de esta manera: "¿Qué obtendrá del matrimonio que no obtendría si se quedara soltero?" Es una pregunta para reflexionar, orar y tratar con un amigo en quien se confía o con varias parejas casadas para una aclaración realista. ¡Por favor advierta la palabra *realista*!

¿Qué sucede cuando se casa?

Cuando se casa, usted y su cónyuge experimentarán un choque importante si esperan llevar la vida de cada uno de ustedes tal como la conocen hasta el momento del matrimonio y continuar con su existencia. Cada uno de ustedes necesitará hacer cierto cambio y abandonar su mundo como lo conocen, para poder formar una vida nueva y una cultura nueva. La mayoría de nosotros no estamos esperando una transición tan drástica. Pero uno no se casa con un *clon* que piensa, actúa y hace las cosas tal como uno. Entonces, ¿quién cede, cambia y se adapta? ¿Qué forma es la mejor? Tendrán que descubrirlo juntos. Es tanto más sencillo enfrentar tantos de estos temas como sea posible antes de casarse que sentirse devastado y desilusionado por ellos luego de la boda. Como dijo un hombre: "El matrimonio no es una propuesta de 50-50. Es más una relación de 90-10. A veces uno da 90, y a veces uno obtiene 90. Pero no traten de llevar los puntajes".

El casamiento cambiará la relación que tenía de novio. Todas las expectativas concientes e inconscientes que trajo con usted ahora serán probadas y algunas quedarán insatisfechas. El acto del matrimonio actúa como un disparador para liberar todas las esperanzas, los temores, las necesidades y los deseos subyacentes que han estado latentes durante años esperando el momento de ser expuestos.

Si cuestiona si casarse o no trae aparejado cambios significativos, piense en esto. En una gran encuesta nacional acerca de lo que ocurría durante el primer año de matrimonio, del cincuenta al sesenta por ciento de los recién casados (y la mitad de ellos habían convivido antes del matrimonio) informaron lo siguiente:

— La cantidad de peleas que habían cambiado después de casarse.
— Su tendencia a criticarse uno al otro cambió (la mayoría eran más críticos).
— Sus sentimientos de confianza en sí mismos cambiaron.
— Cambió la relación con la familia de cada uno de los cónyuges.
— Su actitud hacia el trabajo cambió.
— Su interés en tener un hogar atractivo cambió.[1]

Además, entre el cuarenta y el cincuenta por ciento dijo que tenían dudas ocasionales en cuanto a si sus matrimonios perdurarían, que tenían problemas matrimoniales significativos e informaron haber descubierto que estar casados era más arduo de lo que pensaban que podía ser.[2]

Esta misma encuesta descubrió un hecho perturbador y real que podía ser muy beneficioso para los que pensaban casarse. Había tantos lamentos acerca del primer año de casados como personas que se habían casado. Casi todos querían haber hecho algo diferente. El factor mencionado con mayor frecuencia concernía al desarrollo de metas y a especificar sus necesidades antes de casarse. Deseaban haber asumido más responsabilidad respecto al éxito de la relación.[3]

En cuanto a los de la encuesta que se divorciaron, todos dijeron que los problemas comenzaron al inicio del matrimonio, pero muchos negaron o ignoraron los problemas hasta que fue demasiado tarde.[4]

¿Suena abrumador y casi imposible, no? Bien, depende de usted. No sé cómo las parejas logran superar sus problemas sin aprender a someterse a Dios. Claire Cloninger, en su libro *When the Glass Slipper Doesn't Fit and the Silver Spoon Is in Someone Else's Mouth* [Cuando el zapato de cristal no encaja y la cuchara de plata está en la boca de otro], describió sumamente bien el milagro del matrimonio:

Supongo que el grado de dificultad en combinar dos vidas está ubicado en algún lugar entre encaminar un huracán y encontrar un lugar de estacionamiento en el centro de Manhatan. Soy de la opinión que solo Dios mismo puede hacer que un matrimonio funcione realmente bien. Y cuando Él lo hace a su manera, es uno de sus mejores milagros. Quiero decir, lo del Mar Rojo estuvo bien, pero me juego a que esto es mejor. Lo que Dios puede crear de dos vidas entregadas es "infinitamente más de lo que jamás podamos atrevernos a preguntar o a imaginar".[5]

A través de Él podemos descubrir cómo experimentar su gracia en nuestro matrimonio. Junto con el abandono de su estilo de vida de soltero está la necesidad de abandonarse a sí mismo a su voluntad y a su fuerza mientras procede a lo largo de su matrimonio. Puede que haya días en que no importa cuán bien esté preparado para su matrimonio y detenerse y decir: "Esto no es exactamente lo que esperaba. ¿Fue esta mi mejor decisión? En ese momento pensaba que sí". Cuando esto sucede, allí es donde la profundidad del amor realista (que se trata en otro capítulo) y el compromiso deberán sostener su matrimonio.

En un libro de ensayos sobre el matrimonio, Mike Mason escribió: "El matrimonio implica una renovación diaria continua de una decisión que, puesto que es de un orden tan asombroso como para poder ser humanamente imposible de hacer, solo puede lograrse a través de la gracia de Dios".[6]

Los resultados de convivir antes de casarse

¿Qué sucede con el hecho de convivir? Muchas parejas creen que esa es la solución y que evitará un divorcio. Uno de los mitos más dañinos para ayudar a la destrucción del matrimonio a largo plazo es que "convivir antes del matrimonio le dará a la pareja una base para el matrimonio". En todas las investigaciones se ha hallado este patrón como mortal para la relación matrimonial. Para ser crudo, cuando una pareja convive antes del matrimonio puede esperar el fracaso. La tasa de divorcios es significativamente más alta para estas parejas. Para darle una perspectiva acerca de qué les sucede a estas parejas, de cien parejas que comenzaron a convivir, 40 de ellas se separarán antes del matrimonio. De las sesenta que se casan, por lo menos 35 se divorciarán, lo que nos deja con 25 de los 100 originales que lo realizan.[7]

Muchos de los que lean este sorprendente resultado dirán: "Pero nosotros somos la excepción. Nosotros somos diferentes. Nosotros lo lograremos". Pero los que protestan tan fuertemente, por lo general se convierten en una estadística.

Cuando las parejas conviven hay una negación de la realidad de que el divorcio es algo que podría sucederles. Vivir con otra persona no es lo mismo que presentarse a una selección de reparto para una obra y esperar obtener la parte. Uno no juega al teatro y se presenta para tener una audición por parte del esposo o de la esposa. Cuando se convive o solo se es sexualmente activo, su objetividad en la toma de decisiones se nubla. He visto esto en muchas parejas. Cuando una pareja se vuelve sexualmente activa o convive antes de casarse, se dificulta la toma de decisiones objetiva o la visión racional de las áreas problemáticas. Es mucho más sencillo aprender y discernir cuando uno está de novio que cuando se es sexualmente activo o se convive.

Es imposible duplicar el proceso de casarse por el hecho de convivir. Siempre está presente la actitud subyacente: "Esta es una prueba. Es un ensayo. Encontremos los problemas ahora así puedo salirme de esta relación". Esto es un grito muy lejano a: "Encontremos los problemas para que podamos trabajar sobre ellos y aprender a ser compatibles". Cuando se convive hay un límite de lo que uno invierte, no solo emocional, sino también financieramente. Por lo general no se tienen hijos y hay un sentido de rareza e incomodidad alrededor de otras personas con valores diferentes. Todavía hay una aceptación limitada y selectiva de este tipo de relación según el grupo con el cual se esté. Es como tratar de estar algo casado pero sin las reglas.

Cuando se convive se refleja una ambivalencia. Uno no quiere el estilo de vida de soltero ni tampoco quiere el matrimonio. No es el mejor de ambos mundos. En realidad, es peor. Usted es soltero, pero no tiene la libertad de cultivar nuevas relaciones. Ya no es más soltero. Pero no está totalmente casado, así que tampoco puede desarrollar una intimidad hasta su nivel más profundo. Hay una nube de incertidumbre que cuelga sobre la relación.[8]

Convivir no le da la oportunidad de la intimidad. En cambio, trae aparejado temas de quién hace las compras, quién cocina, quién limpia, etcétera. Tiene un pie en la relación y el otro afuera.

Al involucrarse sexualmente antes del matrimonio: Motivos para esperar

Los siguientes enunciados son lo que yo llamo "pasos cortitos", pero deben decirse. Cuando las parejas conviven o mantienen relaciones sexuales, no solo esto nubla el proceso de la toma de decisiones, sino que también refleja la actitud de personas menos maduras, que necesitan gratificación inmediata. Cuanto mayor sea el nivel de madurez, más podrá retardar la gratificación y establecer límites saludables. Se sentirá bien acerca de usted mismo y de su identidad.

Convivir es por lo general más conveniente para el hombre que para la mujer. Una mujer suele vivir junto con un hombre para ser deseada y cuidada. Se ejerce mucha energía al determinar: "¿Esto va a funcionar?" Luego de mudarse juntos, en lugar de decir: "Sí, ¡haremos que esto funcione!"

Ya he mencionado el problema de la gratificación inmediata en el momento de involucrarse sexualmente de manera prematura. Pero hay también otros tres motivos importantes para esperar al casamiento antes de tener relaciones sexuales. Una es la clara enseñanza de las Escrituras. Si uno se involucra con una persona que dice que la Biblia no es para hoy día o que no enseña la pureza sexual previa al matrimonio, está involucrado con alguien que es analfabeto bíblicamente, o que antepone sus propios deseos al plan de Dios, ¡o ambas cosas!

Una segunda razón ya ha sido mencionada: Nubla la racionalidad necesaria para tomar decisiones sabias.

Pero el tercer motivo es que es más probable que las personas sexualmente activas se divorcien. La evidencia sociológica indica que los no vírgenes incrementan sus posibilidades de divorciarse en aproximadamente un sesenta por ciento.[9]

Jim Talley en *Too Close, Too Soon* [Demasiado cerca, demasiado pronto] presenta un discernimiento interesante respecto de la relación sexual. En su libro, escrito junto a Bobbie Reed, advierte que "los hombres y las mujeres tienen una tendencia de aproximarse a la intimidad en forma diferente. Para los hombres, la intimidad física con frecuencia precede a involucrarse emocionalmente. Sin embargo, las mujeres generalmente se relacionan emocionalmente antes de acercarse físicamente a un hombre". Esto crea malos entendidos inevitables.

Si una mujer cree que al contacto físico le sigue la intimidad emocional, entonces puede suponer que su compañero está tan comprometido emocionalmente con la relación como lo está ella. Puede comenzar a esperar una declaración matrimonial una vez que su pareja dé inicio a la intimidad física. Perfectamente lógico para ella, posiblemente aterrador para él. La relación puede terminarse en este punto. El hombre, completamente sorprendido por la profundidad del apego emocional de su pareja hacia él puede replegarse, explicando que no está preparado para una relación seria.

Se requiere de tiempo para que se desarrolle la verdadera intimidad mientras se construye confianza en cada faceta de la relación por medio de una serie de experiencias compartidas. Reconocer y aceptar el hecho de que las intimidades físicas y emocionales suelen tener prioridades diferentes para los hombres y para las mujeres es el primer paso en la resolución de estas diferencias. El segundo paso es ejercer paciencia mutua.[10]

Por supuesto, la paciencia *no* es la característica de los romances modernos. La intimidad sexual es la norma, y es como colocar refuerzos de cohetes en un Ford y lanzarlo por una carretera a alta velocidad. El doctor Talley utiliza otra imagen para describir el peligro:

El sexo prematrimonial crea inestabilidad en la relación. Es como tratar de construir el segundo piso de un edificio con algunos pocos palos en el suelo. Hay culpa, una expectativa irreal de matrimonio, cuando nadie se comprometió a ello, y una intensidad en la relación sin una base de amistad que la sostenga.[11]

Usted puede decir: "No solo es difícil abstenerse, es imposible. Es irreal. Es poco natural". ¿Realmente es así? Tenga en cuenta esto:

La actitud de gran parte de la sociedad parece ser la de que nuestro apetito sexual *debe ser satisfecho*. Se nos dice que la vida normal, sana, lo requiere. Tenemos que comer, beber y tener relaciones para vivir. Pero esa es una simple falsedad. Es posible vivir una vida plenamente normal, sana y feliz sin tener relaciones sexuales. Se morirá si no come ni bebe, pero no se morirá si se abstiene del sexo. Es la falla (tal vez debería decir rechazo) a reconocer este hecho lo que hace que sea imposible para muchas personas considerar sinceramente el control propio en cuanto a su vida sexual. El control propio no solo es posible, también se lo requiere del soltero cristiano. Es la regla de Dios para nosotros y debemos buscarla si queremos caminar con Él.

Permítame sugerir algunas cosas que ayudarán en la lucha por el control propio.

En primer lugar, el control propio es sencillamente imposible para la persona que se niega a comprometerse a ello. El control propio comienza con una decisión ardua y clara de ser un cierto tipo de persona. La persona soltera que juega con su compromiso está simplemente garantizando su fracaso, pero la persona que con sinceridad resuelve que se refrenará de tener relaciones sexuales va a tener éxito.

Quiero enfatizar la *certidumbre del éxito* para quienes realizan un compromiso personal de refrenarse de mantener relaciones sexuales. Un compromiso real realizado por una persona que se conoce bien traerá aparejado el éxito. Estoy hablando de una determinación de vida y muerte.[12]

Factores que hacen que funcione un matrimonio

¿Cuáles son algunos factores que conducirán a un matrimonio que sobreviva?

Esas parejas que tienen matrimonios satisfactorios colocan a su pareja como la persona número uno en la vida de ellos y su familia de origen (padres y hermanos) ahora son secundarios. Se han separado de ellos emocionalmente de una manera saludable o bien han hecho las paces con cualquier tema que haya surgido. Ahora funcionan como adultos que no dependen de su familia original.

Compromiso

El pegamento que mantendrá unido al matrimonio no es el amor. Hay una palabra que se está volviendo extraña en cuanto a significado y aplicación para nuestra cultura en general: Es la palabra *compromiso*. Ah, oigo a muchas personas que dicen que pueden comprometerse con alguien o con algo y su compromiso está en su lugar cuando todo va bien. Es cuando las cosas se ponen difíciles que se evidencia el verdadero nivel de compromiso.

El matrimonio es un compromiso incondicional y no un contrato. Algunos psicólogos, consejeros matrimoniales y ministros han sugerido que el matrimonio *es* un contrato y muchas personas no tardan en estar de acuerdo. ¿Es esto cierto? ¿Es el matrimonio realmente un contrato?

En todo contrato hay determinadas cláusulas condicionales. Un contrato entre dos partes, ya se trate de compañías o de personas, implica la responsabilidad de ambas partes de cumplir con su parte de la negociación. Estas son cláusulas condicionales o cláusulas "si". Si haces *esto,* la otra persona debe hacer *esto,* y si la otra persona hace *esto,* uno debe hacer *esto otro.* Pero en la relación matrimonial no hay cláusulas condicionales. En ningún lugar de la ceremonia matrimonial el pastor dice: "Si el esposo ama a la esposa, entonces la mujer continúa en el contrato". O: "Si la esposa es sumisa a su esposo, entonces el marido lleva adelante el contrato". El matrimonio es un compromiso incondicional celebrado por dos personas.

En la mayoría de los contratos hay cláusulas de salvedad. Una cláusula de salvedad dice que si una parte no cumple con sus responsabilidades, entonces la segunda parte está absuelta. Si una persona no cumple con su parte de la negociación, la segunda persona puede salirse del contrato. Esta es una cláusula de salvedad. En el matrimonio no existen cláusulas de salvedad.

El compromiso significa muchas cosas para personas diferentes. Para algunos, la fuerza de su compromiso varía según cómo se sienten emocional o físicamente. La palabra *comprometerse* es un verbo y significa "hacer o realizar". Es un juramento o una promesa vinculante. También es un juramento privado que uno hace público. Es un juramento llevado a cabo hasta completarlo, superando cualquier obstáculo. Es darse totalmente a la otra persona. Sí, es arriesgado, pero hace que la vida sea satisfactoria.

Quizás una mejor manera de describirlo es compararlo con el *bungee jumping*. Si alguna vez se ha arrojado al vacío, sabe que cuando da ese paso afuera de la plataforma se compromete a seguir adelante. No hay más tiempo para pensarlo ni para cambiar de opinión. No hay vuelta atrás.

Un amigo mío compartió conmigo qué hizo que durara su matrimonio. Dijo: "Norm, cada uno de nosotros tenía un compromiso con el otro y con el matrimonio. Cuando nuestro compromiso entre nosotros era bajo, fue el compromiso con el matrimonio lo que nos mantuvo juntos".

El compromiso con otra persona hasta que esta muera parece realista para algunos. Cuando nos conviene y no nos sentimos inadecuados por el compromiso, lo cumplimos. Pero cuando suceden determinados problemas, no es válido. El compromiso es más que continuar y sufrir por una mala elección de un cónyuge. No se trata solo de mantener; es invertir. No es tolerar; es trabajar para que crezca la relación. No se trata solo de aceptar y tolerar patrones negativos y destructivos de parte de su cónyuge; sino de trabajar hacia el cambio. Es apegarse a alguien independientemente de las circunstancias. Escuche la historia de una esposa.

En 1988, me diagnosticaron el virus *Epstein Barr* (síndrome de fatiga crónica). Realmente cambió mi vida, que había estado llena de emoción y vibraciones. Mi esposo Kelly ha estado a mi lado y se ha vuelto mi protector a lo largo de estos años pasados de adaptación. Él se ha ocupado de nuestra familia, cuando mi fuerza no me lo permitía. Él ha sostenido mi mano durante la depresión, incluyendo diez días en el hospital. Él ha insistido en que necesitaba descansar, incluso si eso le significaba una carga mayor. Él ha pagado el precio de cualquier cura esperanzada que hemos encontrado, sin importar el costo. Él ha sido más que un esposo, ha sido mi mejor amigo. Un amigo que ha permanecido más cerca que cualquier miembro de la familia. Él fue mi "caballero en armadura brillante cuando lo conocí" y ha demostrado serlo a lo largo de catorce años y medio de matrimonio. A veces le digo que ha sido "mi salvación", porque no sé dónde estaría ahora si no fuera por su fuerza. No sé si seguiría andando con el Señor, si no fuera por su aliento. Conocerlo ha sido la experiencia más grande de mi vida.

Si quiere que su matrimonio funcione, tenga presente que habrá altas y bajas a lo largo de la vida de su matrimonio. Habrá muchos cambios, algunos predecibles y otros impredecibles. Mantienen la potencialidad del crecimiento, pero al mismo tiempo son arriesgados. Muchos matrimonios mueren porque demasiadas parejas eligen ignorar el hecho ineludible de que las relaciones y las personas cambian.

Una esposa dijo lo siguiente:

> Puesto que hemos estado casados cincuenta años, pueden imaginarse cuántos cambios hemos atravesado: Tres guerras, once presidentes, cinco recesiones, el viaje a la luna, del camino del campo a la supercarretera de la información. Si bien estos cambios que nos rodearon han sido maravillosos, los cambios personales que Dios nos ha impuesto uno al otro han sido todavía mejores. Aunque con frecuencia no pudimos ver cómo Dios obraba en la vida de cada uno de nosotros en ese momento, ahora miramos hacia atrás y nos damos cuenta de que nuestro matrimonio ha sido una escuela de desarrollo del carácter. Dios ha usado a mi esposo en mi vida y él me ha usado en su vida para hacernos más semejantes a Cristo. Así que, ¿cuáles han sido las lecciones que hemos aprendido acerca de cómo Dios usa el matrimonio para cambiarnos? Hay muchas. A lo largo de cincuenta años de matrimonio hemos aprendido que las diferencias han hecho que nos desarrollemos, que las crisis nos han cultivado y que el ministerio nos ha fundido uno con el otro.
>
> En primer lugar, Dios ha usado nuestras diferencias para ayudarnos a crecer. Ha habido muchas, muchas crisis que Dios ha utilizado para desarrollarnos y hacernos crecer. La primera fue la grande, muy grande, la crisis de estar separados apenas nos casamos. El nuestro fue un romance en tiempos de guerra. Nos conocimos en la iglesia, salimos durante dos meses, nos casamos después de tres meses de habernos

comprometido y apenas a los dos meses de casados, no nos vimos por espacio de los siguientes dos años, ya que Jimmy se embarcó al Pacífico Sur durante la Segunda Guerra Mundial. Cuando volvió dos años más tarde, éramos dos extraños, ¡pero estábamos casados!

¿Cómo hubiera manejado usted la situación?

¿Cómo maneja los cambios? ¿Cómo maneja los cambios difíciles, repentinos y dolorosos? Tiene que estar dispuesto a enfrentar el hecho de que existe el cambio: Usted va a cambiar, su matrimonio va a cambiar, su pareja querrá que usted cambie y usted querrá que cambie ella.

Estoy seguro de que cuando uno se casa habrá conductas y respuestas por parte de su pareja que a usted le gustaría que cambiaran. Eso es normal. Pero tenga esto presente:

Siempre es un error depender de que mágicamente su pareja cambiará después del matrimonio. Todos cambian. Pero basar un matrimonio en la esperanza de que el cambio sucederá es una esperanza peligrosa. Muchas personas se casan creyendo que las condiciones intolerables mejorarán. Esas condiciones sí mejoran si hay un compromiso suficientemente fuerte con el matrimonio. No obstante, las cosas por lo general se ponen peor antes de mejorar. Esta situación de empeorar ocurre porque somos muy renuentes a hacer olas: Cerramos nuestros sentimientos, nos enfrentamos a nosotros mismos y a nuestra situación. La esperanza de que los problemas se irán simplemente sin esfuerzo es una fantasía atractiva que es difícil de abandonar.[13]

Usted puede tener un efecto sobre su futuro cónyuge si es alentador en lugar de ser crítico, alguien que perdona en vez de recolectar dolores, alguien que faculta y no un reformista.

He visto muchas parejas en las que el matrimonio se ha extinguido y ha limitado a uno o a ambos de sus componentes. Pero un matrimonio consiste en liberar a cada persona para que pueda ser todo lo que él o ella pueda ser.

Donald Harvey, autor de *The Drifting Marriage* [El matrimonio a la deriva] dice:

> Comprometerse con el matrimonio como institución no es una sentencia. Su intención es la de ofrecer seguridad y estabilidad. Todas las parejas tienen conflictos. Todo matrimonio debe adaptarse. Sentirse seguro en el compromiso de la pareja al casamiento brinda la oportunidad de tratar con los conflictos y de que se produzcan ajustes. Esto es lo que hace que el matrimonio sea flexible.
>
> Un matrimonio puede soportar muchas afrentas, ya sea de adentro o de afuera, si el compromiso con el matrimonio como institución es fuerte. Se necesita este tipo de compromiso para que se produzca el crecimiento.[14]

¿Qué hay en su vida que se ha comprometido y lo ha cumplido en los buenos momentos y en los malos? ¿Qué hay en su vida que se ha comprometido y lo ha dejado de lado debido a las dificultades? Piense en estas preguntas respecto al trabajo, la escuela, los amigos, las promesas realizadas a los demás, y pagar el diezmo a su iglesia. ¿Ha estado comprometido más veces que no comprometido? Si está interesado en otra persona (o cuando sí está interesado), ¿cómo manejó la otra persona los compromisos en su vida? ¿Lo sabe? ¿Lo han conversado? Es necesario descubrir este modelo antes del matrimonio.

El compromiso tiene poco que ver con sus sentimientos; es un acto de la mente y de la voluntad. Básicamente, uno toma una decisión y se apega a ella. Si está considerando casarse con alguien, este es el momento de observar su nivel de compromiso y el de otra persona.

Su decisión de apegarse a una relación puede ser lo que haga que su matrimonio perdure. Si ingresa a un matrimonio con la creencia de que este va a durar "hasta que la muerte los separe", su perspectiva es diferente a que si cree que el divorcio es una opción. Aquí, la palabra clave es *actitud* y está basada en la Palabra de Dios.

Un versículo que ha significado mucho para mí es uno en el que les pido a las parejas en las reuniones de consejo prematrimonial que basen su matrimonio: "Hermanos míos, tened por sumo gozo cuando os halléis en diversas pruebas, sabiendo que la prueba de vuestra fe produce paciencia" (Stg. 1:2-3). Es fácil leer un pasaje como este y decir: "Bueno, eso está bien". Sin embargo, otra cosa es ponerlo en práctica.

¿Qué quiere decir en realidad la palabra *tened* o (*contar*)? Se refiere a una actitud interna del corazón o de la mente que permite que las pruebas y las circunstancias de la vida nos afecten adversa o beneficialmente. Otra forma en que podría traducirse Santiago 1:2 es: "Haga que su mente considere la adversidad como algo para darle la bienvenida o para estar contento".

Usted tiene el poder de decidir cuál será su actitud. Puede abordar un problema y decir: "Es terrible, totalmente perturbador. Esto es lo ultimo que quería para mi vida. ¿Por qué tuvo que suceder ahora? ¿Por qué a mí?"

La otra forma de "considerar" la misma dificultad es decir: "No es lo que quería o esperaba, pero está allí. Va a haber algunos momentos difíciles, pero ¿cómo puedo aprovechar lo mejor de ellos?"

El tiempo verbal usado en la palabra *considerar* indica una decisión de acción. No es una actitud de resignación: "Bueno, simplemente me daré por vencido. Estoy atascado en este problema. Así es la vida". Si usted se resigna, se quedará de brazos cruzados y no pondrá de su parte ningún esfuerzo. El tiempo verbal en realidad indica que usted va a tener que ir en contra de su inclinación natural para ver la prueba como una fuerza negativa. Habrá algunos momentos en que no lo verá así, y entonces tendrá que recordarse a sí mismo: "No, creo que hay una mejor forma de responder a esto. Señor, realmente quiero que me ayudes a verlo desde una perspectiva diferente". Y entonces su mente pasará a una respuesta más constructiva. Esto con frecuencia toma mucho trabajo de su parte.

Dios nos creó con la capacidad y la libertad de determinar cómo responderemos a esos incidentes inesperados que la vida pone en nuestro camino. Puede sinceramente desear que un determinado suceso no hubiera sucedido jamás. Pero no puede cambiar el hecho.

Mi esposa y yo recaemos en el grupo de alto riesgo para matrimonios. Nuestro segundo hijo tenía un profundo retardo mental. Tener un hijo discapacitado con cualquier tipo de problema tiene un efecto destructivo en los matrimonios de nuestra sociedad. Aproximadamente el ochenta por ciento de los matrimonios en los que hay un hijo discapacitado terminan en divorcio. Luego, cuando nuestro hijo tenía 22 años, murió. Del setenta al ochenta por ciento de las parejas que pierden un hijo se divorcian. Aprendimos a ser sobrevivientes a través de la gracia y del consuelo de Dios y de la estabilidad de su Palabra.

La actitud reflejada en este versículo de Santiago significa que cuando uno se encuentra en problemas, desilusiones y dificultades en la vida, ¿por qué sentirse sorprendido o impactado? Su pareja no será todo lo que usted esperaba y lo desilusionará, como usted desilusionará a su pareja. Eso realmente no es nuevo. La pregunta es: ¿Cómo lo manejará? ¿Qué puede sacar de la situación? ¿Cómo puede crecer? ¿Cómo podría responder en forma diferente?

Si desea una relación sana, hágala así. Hoy día tenemos una generación que refleja actitudes de los *Baby Boomers* y los *Baby Busters*. Hay un sentido reflejado en: "Merezco tener lo que quiero y, si no, me saldré de la situación". Hay un sentido de satisfacción inmediata reflejada en "No quiero esperar diez años para esto. Lo quiero ahora". Veo esto con bastante frecuencia en parejas que quieren alcanzar un nivel económico en los primeros años de su matrimonio, algo que les llevó 30 años a sus padres lograr. Una relación matrimonial llevará años para desarrollarse en lo que usted quiere que se convierta.

Me gusta lo que ha dicho Neil Warren acerca de una de las ventajas que proporciona el compromiso en una relación:

El compromiso facilita significativamente el temor del abandono. Es este temor el que es central para tantas personas. Con frecuencia es el temor más potente de todos. Cuando éramos jóvenes e incapaces de cuidarnos por nosotros mismos, nos preocupábamos por perdernos en una multitud, olvidados mientras esperábamos que nos buscaran en la escuela, o solos por la muerte de los padres. Temores como esos persisten a lo largo de nuestra vida. Temblamos con solo pensar en el abandono.

Por eso es que la promesa de un cónyuge de permanecer devoto significa tanto. Su pareja será leal ante todo tipo de circunstancia. Eso lo libera de una manera radical. Le permite ser usted mismo en el más profundo de los niveles, arriesgarse y crecer, ser totalmente auténtico sin temor de ser abandonado.[15]

Tal vez la descripción de compromiso de un marido lo resuma todo:

El compromiso es peligroso. Puede ser explotado. Si mi mujer da por sentado mi compromiso, ella puede descansar muy tranquilamente en sus laureles. Quizás el compromiso no debería ser tan sencillo de uno con el otro como lo vivimos ahora, sino hasta las más altas potencialidades que podemos lograr juntos. Entonces, el compromiso sería para el matrimonio no simplemente una condición, sino un proceso dinámico. Déjenme comprometerme a una aventura de toda una vida, a la aventura de vivir con esta mujer. La ruta de esta aventura ha sido graficada levemente solo por aquellos que han pasado antes. Porque soy único y mi pareja es única, nuestro matrimonio también será único. Nos comprometemos a emprender esta aventura juntos y a seguirla a dónde quiera que nos conduzca. Parte de la emoción del matrimonio es no saber de antemano cuáles serán los gozos o las penas. Sin embargo, podemos estar seguros de que enfrentaremos innumerables retos. El compromiso proporciona el ímpetu para avanzar a la luz de esos retos.[16]

¿Está capacitado para hacer tal compromiso? De ser así, considere el matrimonio.

¿Hay algo más que una persona necesite saber antes de zambullirse al matrimonio?

Resolver los conflictos exitosamente

Es útil observar los diversos estudios que se han realizado sobre matrimonios que tienen éxito o que fracasan. En el libro *Why Marriages Succeed or Fail,* [Por qué tienen éxito o fracasan los matrimonios] los resultados demuestran que los matrimonios durarán cuando una pareja tiene la capacidad de resolver los conflictos que son inevitables en cualquier relación. Demasiadas parejas a lo largo de los años han expresado una señal de un matrimonio sano y de felicidad matrimonial que significa un nivel más bajo de conflicto. "Nunca peleamos", es su lema. Pero las relaciones se construyen y se fortalecen al enfrentar y reconciliar las diferencias. Esto es lo que conduce a un mayor nivel de felicidad y satisfacción en el matrimonio.

Sin embargo, todos difieren en la forma en que resuelven las diferencias. El autor del libro antes mencionado ha descubierto que hay tres estilos diferentes de resolución de problemas que se reflejan en los matrimonios sanos. Hay *matrimonios* en los que las parejas ceden con frecuencia. Elaboran sus diferencias de una manera calma para la satisfacción de cada individuo cada vez que surge un problema.

Hay otros dos estilos que se solían considerar patrones no saludables, pero que no parecen ser el caso reflejado en *Why Marriages Succeed or Fail* [Por qué los matrimonios tienen éxito o fracasan]. En *matrimonios que evitan los conflictos,* las parejas acuerdan no estar de acuerdo pero raramente enfrentan sus problemas cara a cara. Evitan discusiones que saben que terminarán en caminos sin salida. Se concentran en lo que valoran en la relación, acentúan lo positivo y aceptan el resto de lo que no se resuelve. (Personalmente, pienso que hay algunos defectos en este estilo y en el próximo también.)

El tercer estilo es el *matrimonio volátil* en el que hay disputas frecuentes. Se elevan las voces y el escuchar no es lo mejor. Parecen disfrutar de esos momentos y estas parejas suelen ser más afectivas que otras también. Así que las tres resuelven sus diferencias de diversas maneras.

¿Hay un hilo en común en estos tres estilos variados que sea el ingrediente que trae felicidad? Sí, y es muy sencillo. Cuando hay *cinco veces* tanto momentos *positivos* como *negativos* juntos, entonces su matrimonio es más probable que sea satisfactorio.[17]

¿Y cómo es esto? Si está en una relación ahora, ¿cuál es el nivel positivo en comparación con el negativo? Ir a un matrimonio desde una posición de fuerza es mucho mejor que con un déficit. Mi propio sentimiento es que si usted no aprende a resolver los conflictos antes de casarse, espere. ¿Por qué proseguir cuando no han aprendido a desarrollar armonía? Esta es una habilidad que todos pueden aprender, pero el momento de refinarla es antes de formular el compromiso.

Vulnerabilidad e intimidad

¿Qué más puede hacer para mejorar la perspectiva de tener un matrimonio exitoso? Seguir las pautas y las sugerencias de este libro al elegir una pareja para toda la vida es un paso inicial. Ir a un consejero matrimonial durante un período largo con un consejero o ministro capacitado y sabio también es algo que debe hacerse.

En los matrimonios sanos hay un alto grado de vulnerabilidad e intimidad. Ambas personas son concientes de sus sentimientos y necesidades. Están dispuestos a expresar cuáles son y cómo les gustaría que se satisficieran. Y no se repliegan cuando surge el conflicto. Pero tenga presente que ambos necesitan hacerlo. El que lo haga solo uno no lleva adelante el matrimonio.

Aceptación

Los matrimonios que lo logran cuentan con dos personas que pueden aceptar imperfecciones y diferencias. Han aprendido cómo influir uno sobre el otro de maneras positivas y sacar lo mejor de cada uno. Han aprendido qué puede cambiarse y qué no. Los tipos de personalidades y las características no cambiarán; pero los hábitos de conducta por cierto sí. ¿Cuál es su capacidad en esta área?

Capacidad de hablar el idioma de cada uno

Cuando dos personas planifican pasar la vida juntos, tienen que poder comunicarse de tal manera que puedan relacionarse. Y puesto que de muchas formas uno se casa con un extraño, es preferible aprender el lenguaje de la otra persona. Si hay un ingrediente clave para el complejo proceso de la comunicación es este: Aprenda a hablar el idioma de su cónyuge y podrá suceder la cercanía y la intimidad que está buscando.

Por ejemplo, una diferencia tan simple como que usted es un "amplificador" cuando habla y el otro es un "condensador" puede poner una cuña entre los dos. Un amplificador como se usa aquí es alguien que utiliza varias oraciones detalladas, descriptivas para explicar algo. Esta persona desea que su cónyuge haga lo mismo. Lamentablemente, por lo general presionan a su pareja para que se abra y pronuncie una multitud de oraciones. El condensador es un tipo de persona práctica que puede dar una respuesta de dos oraciones, pero con frecuencia una línea es suficiente. Esta persona querría que su pareja hiciera lo mismo. Pueden "apagarse" rápidamente cuando sus cónyuges amplifican. Si cada uno adaptara su estilo natural al estilo de su cónyuge cuando hablan, responderían mejor. Hablaremos más de esto en otro capítulo.

En una sesión de consejería un día un hombre dijo: "Me gustaría encontrar una mujer a quien pudiera comprender y llevarme bien como me llevo con mis amigos varones, pero es imposible". Yo le dije: "No, no lo es. Es muy posible si está dispuesto a volverse flexible, a darse cuenta de que usted y una mujer son extraños, que deben aprender acerca de las diferencias culturales femeninas o masculinas y aprender a verlas como un reto de aprendizaje que puede enriquecer la vida de cada uno de ustedes en lugar de verlas como un dolor de cabeza. Si hace eso, lo logrará".

Hay muchos factores que contribuyen a nuestra forma única de comunicación, incluyendo la personalidad, el género y el estilo de aprendizaje. Cuando uno aprende e implementa lo que ha aprendido, se desarrollará la intimidad en su relación. (Para una información completa sobre tipos de personalidad, diferencias de género y ayuda a aprender cómo hablar el idioma del otro, vea los capítulos 4-al 9 en *How to Change Your Spouse Without Ruining Your Marriage* [Cómo cambiar a su cónyuge sin arruinar su matrimonio] de este autor y Gary Oliver, Servant Publishers.)

Las parejas en las que ambas personas están seguras de quiénes son y no buscan que su compañero sea la solución a sus problemas de identidad o estima propia son mucho más felices en sus relaciones. El llamado de la otra persona no pasará a ser un reemplazo corriente de lo que falta en su vida o de lo que estaba ausente entre usted y uno de sus padres cuando estaba creciendo. Tenga presente que no puede estar felizmente casado con otra persona a no ser que esté felizmente casado con usted mismo. Su pareja no es responsable de hacerlo sentirse bien respecto de usted mismo o de darle una identidad. Eso lo recibe de su relación con Jesucristo.

Intimidad espiritual

Hay un ingrediente final que estabilizará un matrimonio y abrirá las puertas para la profundidad de intimidad que buscan las parejas. La intimidad espiritual es ese elemento del matrimonio en el que el corazón, la mente y el alma de la pareja están abiertos al Señor y a nadie más. Significa que usted tiene creencias que son importantes para usted, incluyendo una relación personal con Jesucristo. También significa que tiene la libertad de expresar sus sentimientos y pensamientos o dónde se encuentra espiritualmente. Comenta nuevos discernimientos con su pareja que ha aprendido de las Escrituras o de un recurso que está leyendo. Ora por y con el otro y adoran juntos. Se siente cómodo y cerca al relacionarse espiritualmente y al hacer que Jesucristo sea el Señor de su vida y de su relación. Dije relación, no matrimonio, porque esta dimensión de intimidad necesita ser parte del desarrollo del crecimiento de su relación. No sucederá solo después de haberse casado. Cuando está entremezclado con el desarrollo de su relación amorosa mientras considera el matrimonio, se convierte en una parte natural e integral de su relación.

Una definición de matrimonio

Hay tantos otros elementos que podrían mencionarse acerca de cómo hacer que funcione un matrimonio. Déjeme resumirlos con una definición de matrimonio en la que he trabajado durante los últimos veinte años. Expresa que un matrimonio es, lo que puede ser y lo que requiere para ser todo lo que usted quiere que sea. "Un matrimonio cristiano es un compromiso total de dos personas con la persona de Jesucristo y entre sí. Es un compromiso en el que no se guarda nada. El matrimonio es un juramento de fidelidad mutua en todas las áreas. Es una sociedad de subordinación mutua y servidumbre".

Un matrimonio cristiano es similar a un solvente, una liberación del hombre y la mujer para que sean ellos mismos y se conviertan en todo lo que Dios quiere que se conviertan. El matrimonio es un proceso de refinación que Dios usará para hacernos desarrollar en el hombre y en la mujer que Él quiere que nos convirtamos.

Bien, ¿es el matrimonio algo que usted quiere? De ser así, puede requerir más de lo que usted se dé cuenta. Tenga presente este último pensamiento mientras sigue leyendo:

> El verdadero éxito nunca es un logro fácil. Los matrimonios felices y satisfactorios son producto de un extremo esfuerzo. Son deseados, buscados, luchados y planificados. Nunca suceden porque sí. Las parejas con frecuencia se quejan ante mí de que su matrimonio *simplemente* se derrumbó. De repente, dejaron de amarse. Simplemente perdió interés en un esposo. Simplemente se enamoró de otra persona o de una carrera. Si la experiencia me ha enseñado algo, es esto: Nada sucede *simplemente*... sea bueno o malo.
>
> Los matrimonios saludables siguen un camino, un camino que ha sido planificado. No hay que planificar para fracasar. Eso puede lograrse sin planificarlo y por lo general es así. Pero SÍ hay que planificar para tener éxito.[18]

Notas

1. Miriam Arond y Samuel L. Parker, M. D., *The First Year of Marriage* [El primer año de casados] (Nueva York: Warner Books, 1987), pp. 9-10, adaptado.

2. *Ibíd.*, pp. 307, adaptado.

3. *Ibíd.*, pp. 342-43, adaptado.

4. *Ibíd.*, p. 343, adaptado.

5. Claire Cloninger, *When the Glass Slipper Doesn't Fit and the Silver Spoon Is in Someone Else's Mouth* [Cuando el zapato de cristal no encaja y la cuchara de plata está en la boca de otro] (Dallas: Word Publishers, 1993), p. 93. Todos los derechos reservados.

6. Mike Mason, *The Mystery of Marriage* [El misterio del matrimonio] (Portland, OR: Multnomah Press, 1985), p. 56.

7. Michael J. McManus, *Marriage Savers* [Salvadores del matrimonio] (Grand Rapids, MI: Zondervan, 1993), p. 23, adaptado.

8. Susan Page, *If I'm So Wonderful, Why Am I Still Single?* [Si soy tan maravillosa, ¿por qué estoy soltera aún?] (Nueva York: Bantam Books, 1988), pp. 19-20, adaptado.

9. McManus, *Marriage Savers* [Salvadores del matrimonio], pp. 92-93, adaptado.

10. Jim Talley y Bobbie Reed, *Too Close, Too Soon* [Demasiado cerca, demasiado pronto] (Nashville: Thomas Nelson Publishers, 1982), p. 21.

11. *Ibíd.*

12. Bob Burns y Tom Whiteman, *The Fresh Start Divorce Recovery Workshop* [Taller de recuperación del divorcio: El nuevo comienzo] (Nashville, TN: Thomas Nelson, 1992), p. 144.

13. Steve Wilke, Dave Jackson y Neta Jackson, *When We Can't Talk Anymore* [Cuando no podemos hablar más] (Wheaton, IL: Tyndale, 1992), p. 11.

14. Donald Harvey, *The Drifting Marriage* [El matrimonio a la deriva] (Old Tappan, NJ: Fleming H. Revell, 1988), p. 213.

15. Neil Clark Warren, *Finding the Love of Your Life* [Cómo encontrar el amor de su vida] (Colorado Springs: Focus on the Family, 1992), p. 171. Todos los derechos reservados. Derechos internacionales asegurados. Usado con permiso de *Enfoque a la familia*.

16. Segunda edición por Robert O. Blood, hijo, © *1969 por* The Free Press, una división de Simon & Schuster, pp. 10-11. Reimpreso con permiso del editor.

17. John Gottman, Ph.D., *Why Marriages Succeed or Fail* [Por qué tienen éxito o fracasan los matrimonios] (Nueva York: Simon & Schuster, 1994), pp. 32-57, adaptado.

18. Harvey, *The Drifting Marriage* [El matrimonio a la deriva], p. 44.

2

"Tengo miedo de una relación"

Recuerda cuando vio a alguien del sexo opuesto que le pareció genial? ¿Fue en los primeros años de la escuela secundaria? Tal vez en los últimos o en la universidad. Cada vez que lo veía su corazón palpitaba fuerte y sentía una punzada en el estómago. Quería conocer a esa persona. Quería una cita. Pero ¿cómo?

Comenzó a planificar

Les preguntó a sus amigos acerca de esta "gran" persona. Descubrió su programa de clases y la ruta que tomaba para llegar allí. Y simplemente comenzó a caminar por ese rumbo. O se encontró donde trabajaba o entró y pidió una hamburguesa y papas fritas tres veces por día para verlo. ¿Pero cómo era posible atreverse a pedir una cita o hacerle saber que estaba disponible? ¡Jamás! Cuando llegaba ese momento, se paralizaba. Sus pensamientos no sincronizaban con su boca. Estaba congelado de miedo. ¿Qué sucedería si decía que no? ¿Qué sucedería si le contaba a todo el mundo y se reían de usted? ¿Y qué pasaría... qué sucedería...? El alboroto de un adolescente. Se sintió tan feliz cuando todo terminó. Pero usted *pensaba* que se había terminado. Los que tienen veinte años, los que tienen treinta y los de mayor edad pueden experimentar ese tipo de alboroto. Se llama miedo.

Muchas personas solteras viven en una prisión impuesta por el miedo. He visto a muchas personas que encontraron a la persona "adecuada", pero que están inmovilizadas para dar ese importante paso del matrimonio a causa del miedo. Algunas personas han permitido que el temor sea quien dicte la vida de cada una de ellas.

Todos sentimos miedo al ir tras una nueva relación. ¿Por qué? Porque hay riesgos involucrados. Usted puede sentir el miedo de quedarse solo por el resto de su vida, pero al avanzar hacia una relación duradera se topa con otros miedos. Estos pueden incluir el temor a la cercanía, el temor a perder la independencia, el temor al rechazo, el temor al compromiso, el temor al fracaso, el temor a cometer un error y la lista continúa. Una mujer dijo: "Supongo que tengo miedo de que si me caso descubriré algunas cosas acerca de mí misma que nunca conocí antes y no me gustarán".

La preocupación no hablada de muchos solteros fue escrita hace años por John Powell: "Temo decirle quién soy porque tal vez no le guste quien sea y eso es todo lo que tengo".Quizás el denominador común en los diversos temores es el miedo al dolor. Nos volvemos muy hábiles en inventar excusas. Muchos de nosotros aprendemos a colocar una suerte de máscara para guardar en su lugar ese vestigio perdido de la distancia. Algunas personas utilizan la negación; otras, el trabajo. Algunas se vuelven payasos y otras usan su intelecto.

¿Qué temor respecto de las relaciones vive dentro de usted actualmente? ¿Es un nivel normal de temor o está dominando su vida? No fuimos creados para ser manejados por el miedo, sino para avanzar por la vida con esperanza. ¿Cómo completaría esta oración: "A lo que le temo más en una relación es a..."?

Temor al compromiso

Consideremos un miedo que está en el corazón de un matrimonio a largo plazo: El compromiso. Este temor parece ser lo opuesto del que la mayoría de nosotros experimentamos: El temor al rechazo. Algunas personas tienen miedo a ser demasiado exitosas. Ven el compromiso llevando consigo la pérdida de libertad, demasiadas responsabilidades y como lo expresó un hombre: "¿Qué sucede si veo a alguien mejor que aparece después de que esté casado? ¡Entonces estoy atrapado!" o: "¿Y si la persona con quien me caso no es como pensé que sería? ¿Entonces qué? No quiero cometer un error".

Blaine Smith sugiere cuatro niveles en los cuales el temor al compromiso aparece comúnmente. Tal vez ha sido testigo o los ha experimentado de alguna manera. Algunas personas realizan una salida espectacular y rápida de una relación que crece que nos recuerda un escape de la prisión. La presión del pensamiento del confinamiento los empuja a un ataque de pánico que demuestra poca o ninguna consideración por la otra persona.

Otras personas manifiestan este temor a través de un tipo de relación de entrada y salida. Cuando el compromiso se termina, se sienten cómodas nuevamente con la relación. Pero mientras avanzan hacia el compromiso, las dudas nuevamente comienzan a dominarles la mente y al poco tiempo se echan para atrás.

Algunas personas sienten un sentimiento de ambivalencia continua debido a que su temor al compromiso coincide con su nivel de deseo por casarse. La relación es seria, pero la discusión sobre el matrimonio generalmente recae en el reino de una "posibilidad". Una decisión está siempre fuera de alcance. La frase *con el tiempo* mantiene involucrada a la pareja, pero si la relación pasa de cierto nivel, la persona se paraliza de miedo. Lo infortunado del asunto es que este tipo de relación puede continuar así durante años.

El último nivel es la aprehensión normal. En esta situación, el deseo de casarse pasa por encima del temor al compromiso. Este temor puede ayudarlo a tomar una posición ardua y clara respecto de la relación y dar lo que podrían ser pasos positivos de crecimiento.[1]

Cuando se trata de hacer que una relación sea permanente a través del compromiso, el sutil germen "qué pasaría si" comienza a invadir nuestra mente. "¿Qué pasaría si me siento atraído hacia alguien mientras estoy casado?" "¿Qué pasaría si esta no es la voluntad de Dios para mi vida?" "¿Qué pasaría si me comprometo y la relación fracasa?" "¿Qué pasaría si me comprometo y salgo herido?" Infinitas preguntas "qué pasaría si" alejan a muchas parejas del compromiso y de la intimidad que hace que un matrimonio sea fuerte.

Tim Timmons y Charlie Hedges hablan acerca de tres de los principales miedos al compromiso. En primer lugar, está el temor a dar amor sin recibirlo a cambio. Todos queremos recibir amor en la misma medida en la que lo damos. Y en un matrimonio, dar sin recibir es muy doloroso.

En segundo lugar, el temor de ser usado y ser objeto de aprovechamiento es un inhibidor del compromiso, especialmente luego de que una de las partes da información personal sobre sí.

En tercer lugar, uno de los temores más paralizantes que evita el compromiso es el abandono. El abandono es la forma final del rechazo. Cualquiera que haya sido dejado plantado en el pasado tiene el temor al abandono en el fondo de su mente, bloqueando compromisos futuros.[2] ¿Ya se ha encontrado descrito?

Si está experimentando el temor al compromiso, haga una lista de todos los asuntos que cree que cederá o perderá cuando se case. Evalúelos. ¿Los cederá realmente por completo? Dedique tiempo a apenarse por lo que perderá. Dígales adiós y luego dele la bienvenida a todas esas cosas que obtendrá como beneficio.

Temor al rechazo

El temor al rechazo nos mantiene en una condición protectiva, cauta. Duele, pero a veces dejamos que duela demasiado.

Kay era una persona muy sensible que había experimentado el rechazo en el hogar de su niñez y en algunas de sus relaciones con los hombres. Cuando conversamos, comentó conmigo el alcance de sus sentimientos:

No me gusta cómo soy. Sé que soy extremadamente sensible. Cuando hice la cita con usted, hasta me pregunté si me aceptaría como paciente. Luego cuando llegué esta mañana y usted llegó tres minutos tarde a la cita, esos viejos sentimientos de rechazo comenzaron a subir a la superficie. No fue usted, sino mi propia sensibilidad. Me siento de ese modo cada vez que alguien cambia de planes conmigo o no está de acuerdo con lo que pienso o quiero. Cada vez que alguien no está de acuerdo con lo que quiero, comienzo a sentirme rechazada. Y luego siento enojo en mi interior.

Cuando salgo con un hombre y lo quiero, soy aún más sensible a cualquier señal de rechazo. Pero cuando me siento rechazada, avanzo con demasiada fuerza, exijo amor y aceptación de alguna manera. ¡Y eso hace que la otra persona salga corriendo por la puerta! Cuando eso sucede, me siento horrible. Y sé que yo fui la causa del rechazo. ¡Pero no sé qué hacer!

Esa no es la única manera en que respondo a mi temor al rechazo. A veces me siento realmente inhibida con un hombre, así que me repliego. Tengo miedo de exponer mi verdadero yo y de ser rechazada. Pero mi repliegue también ocasiona rechazo porque él me ve como una verdadera fracasada. No puedo hacerle saber que lo quiero y ansío su atención y aceptación. Así que no la obtengo. Y nuevamente, ¡enloquezco! Es casi como que estoy atrapada en un círculo vicioso. ¡Pero no sé cómo salirme de él!

Kay tenía razón. Fácilmente se convierte en un círculo vicioso y es algo muy común. Si vive con temor al rechazo, lo espera. Eleva su necesidad de aceptación por parte de otras personas. Pero suele comportarse de un modo que hace que los demás no lo acepten. Veo que sucede en una de dos maneras. O bien las personas son tan cerradas, restringidas o tímidas que tendría que usar una maquinaria para poder entrar. O se vuelven tan demandantes y controladores que hacen que esa persona especial salga corriendo. En cualquiera de los dos casos, el rechazo puede ser el resultado y su temor se convierte en una profecía que se cumple.

Si experimenta rechazo, se siente dolido. Con frecuencia eso se convierte en enojo. Pero si expresa su enojo, ¿qué sucede? Rechazo. Entonces el enojo se reprime, lo que alimenta el miedo y pronto el patrón se repite. Esto evita que una relación vaya a algún lado.

Algunos de nosotros somos especialmente sensibles a cualquier señal de rechazo. Y debido a esta tendencia, el rechazo se ve en expresiones y acciones cuando ni siquiera está allí. Vivimos con los fantasmas del rechazo. Todo rechazo que hemos experimentado en el pasado nos hace ser extremadamente sensibles a lo que está sucediendo en el presente. El dolor de los rechazos del pasado permanece con nosotros y contamina las relaciones del momento. Lamentablemente, algunas personas fueron tratadas como inaceptables, como cargas no queridas cuando eran jóvenes. Los sentimientos de rechazo en la niñez pueden derivar de la presencia de enunciaciones despreciativas o de la ausencia de afirmación física o verbal. Cuando una persona es rechazada cuando niña, es más sensible a sentir dolor cuando es adulta.

Phil creció en un hogar donde todos estaban orientados al trabajo y estaban muy ocupados. No había cercanía emocional, afecto físico o interés demostrado a los hijos. Sus padres estaban ocupados con sus propios problemas y demostraban muy poco interés en sus logros en la escuela. En sus años de adolescente, Phil comenzó a preguntarse por qué su familia no era cercana a él y por qué nadie se interesaba en sus cosas. Se preguntaba qué tenía él que a sus padres no les gustaba. No eran malos ni lo trataban mal. Eran cordiales y educados, pero estériles en sus respuestas. Phil dijo:

Nunca pudo comprender por qué eran tan distantes. Estábamos juntos como una familia, pero yo sentía que estaba a kilómetros de distancia. Y luego comencé a preguntarme si había algo malo en mí. Me sentía como una carga aunque siempre habían sido proveedores para conmigo. Nunca dijeron que yo fuera una carga, pero yo me sentía así.

Debido a mi experiencia de la niñez, siempre he sido bastante cauto respecto de acercarme demasiado a alguien. Tal vez hay algo malo en mí y no puedo verlo. A veces tengo sueños diurnos y nocturnos acerca de otras personas que me rechazan. En mis relaciones con mujeres, soy muy cauto al involucrarme. Tengo miedo de que harán lo que hicieron mis padres: Ignorarme. Para mí, ser ignorado me duele tanto como que alguien me diga: "Apestas. No eres bueno. No me gustas y no te quiero". Mis padres nunca dijeron exactamente esas palabras, pero sus actos me hicieron sentir como si lo hubieran hecho.

Si conozco a una mujer en la que estoy interesado, comienzo a preguntarme: "¿Realmente le gustaré o me querrá?" Prefiero esperar que una mujer muestre interés en mí y me persiga. Es más seguro. No me gusta perseguirlas porque si me rechazan...

Pero enfrentémoslo. Experimentará rechazo al buscar una pareja para su vida. Incluso en una relación duradera experimentará rechazos ocasionalmente. Y cuanto más sea adicto a la aprobación, mayor será su temor al rechazo. Pero el rechazo no es el fin del mundo, incluso con el dolor que lo acompaña. Con demasiada frecuencia cuando llega el rechazo comienza a jugar el pensamiento negativo de malo en mí. No soy eso y esto o debo ser demasiado..." y nos volvemos nuestro mejor (o peor) crítico.

Tenga presente este pensamiento. Cuando es rechazado, ¿la persona que lo rechaza está diciendo algo sobre usted o diciendo algo sobre sí misma? ¿Realmente es un problema dentro de usted o es problema de ella? ¿Qué pasaría si comenzara a suponer esto en lugar de la perspectiva negativa sobre sí mismo? El rechazo puede ser desagradable, pero no tiene por qué destruir su autoestima o su confianza en sí mismo. Sobrevivirá.

Si vive con el temor al rechazo, puede estar funcionando con una memoria selectiva que debe ser canalizada en una nueva dirección. Tal vez acentúe demasiado las veces que ha sentido rechazo, en lugar de concentrarse en todas las ocasiones en que sintió aceptación. ¿Podría ser que usted se rechaza a sí mismo en algunas maneras? Cuando más enunciaciones de rechazo, negativas hacemos sobre nosotros mismos, más vemos a las otras personas hacer lo mismo. ¿Podría ser este el caso? A veces esta tendencia nos hace responder a los demás de manera tal que pueden rechazarnos. Nos tendemos una trampa

Si se produce un rechazo, hay algunas cosas que puede hacer. Tenga presente que cuando alguien le responde con un rechazo, puede ser que esa persona tenga un mal día. Tal vez ha malinterpretado su respuesta. O puede ser una persona sumamente crítica, que hiere. Puede ser el problema de otra persona. También podría ser que nadie tenga la culpa; el incidente que lo hizo sentir rechazado simplemente ocurrió por algún motivo sin explicación. Ser rechazado no significa necesariamente que usted haya hecho o dicho algo malo. No significa que usted tenga un defecto.

Si comete un error que pudiera ocasionar rechazo, no anticipe ser rechazado de antemano. Equilibre sus sentimientos concentrándose en las numerosas veces en que fue exitoso. Vea su pequeño error en el contexto del lado positivo de su vida. Colocarlo por escrito tendrá un mayor impacto sobre usted que solo pensar en ello.

La crítica y el rechazo de una persona especial pueden molestarlo solo hasta el alcance en que usted crea en la respuesta de la otra persona. Puede dejar que permanezca allí y lo destruya o puede seguir adelante. Sí, el rechazo duele y es incómodo. Pero evite la respuesta del hipopótamo: No se revuelque en sus sentimientos de rechazo. Rehúse creer que un rechazo conducirá a otros o que su mundo se está destruyendo. En cambio, hágase cargo de la situación cuando esta sucede y cambie lo negativo por lo positivo respondiendo a ello con valentía. Si la crítica tiene validez, considere esto también.

Cuando sea rechazado, tenga en cuenta que la otra persona no tiene el derecho ni la capacidad de juzgar su valor y su valoración como persona. No permita que las respuestas negativas determinen su valor. Las personas no son expertas sobre su valor, Dios lo es. Me gusta lo que dice el doctor David Burns sobre la aprobación y la desaprobación:

> Es un hecho que la aprobación hace que uno se *sienta* bien. No hay nada malo en eso; es natural y sano. También es un hecho que la desaprobación y el rechazo por lo general tienen un sabor amargo y desagradable. Esto es humano y comprensible. Pero está nadando en aguas profundas y turbulentas si continúa creyendo que la aprobación y la desaprobación son las varas correctas y finales con las que medir su valoración.[3]

Cuando usted vive con temor al rechazo, vive con suposiciones basadas en emociones. Sus emociones le dicen en qué creer acerca de los hechos y las relaciones. Le dicen que será rechazado y que *es* rechazado. Contraponga esos sentimientos con hechos reales. A no ser que se comporte de una manera que haga que sea rechazado, la mayor parte del tiempo no será rechazado. Pero cuando lo es, no suponga que es culpable.

Yo he sentido el rechazo. He sentido el rechazo de alguien a quien no le gustaba cómo hablaba, escribía o cómo actuaba como consejero. Mis ideas han sido rechazadas y he sido personalmente rechazado por otras personas. Viví rechazos durante los años en que salía con mujeres. No me gusta. De hecho, es tan incómodo sentirse rechazado, que con frecuencia me he preguntado por qué alguien quisiera vivir con el *temor* al rechazo.[4]

El temor a la intimidad

Otro miedo que nos evita avanzar hacia el matrimonio es la cercanía que conlleva la intimidad, especialmente la cercanía emocional. Esto es irónico porque la intimidad elimina el dolor de la soledad. Como dijo un hombre: "Lo quiero, pero los pagos temporales son demasiado elevados".

Cuando he aconsejado a los solteros a lo largo de los años, he descubierto que uno de los motivos para evitar la cercanía emocional es una autoestima baja. Si uno se critica a sí mismo constantemente, probablemente temerá que otras personas sigan su ejemplo y también lo critiquen. Como dijo una mujer: "Cuando un hombre empieza a acercarse, yo corro. Sé que va a criticarme. Yo soy bastante crítica de mí misma. No necesito su crítica". Y el temor de ver su propia crítica a través de otra persona la hace sentirse bloqueada. Si uno quiere ser vulnerable ante otra persona y experimentar amor y cercanía, tiene que aceptarse y amarse a sí mismo. Y esto es posible por quién es Dios y cómo nos ve Él.

Es raro encontrar a un hombre que no tenga algunas luchas con la intimidad. Los hombres aman los beneficios de la intimidad, pero con frecuencia no se comprometen con el trabajo que comprende la intimidad. Si bien pocos de ellos lo admitirían, la mayoría de los hombres le temen a la intimidad y este temor se refleja en la forma en que interactúan con sus esposas, familias y amigos.

¿Por qué los hombres evitan la intimidad? Escuchen algunas de sus respuestas, que reflejan racionalizaciones más que razones reales:

"Así somos los hombres. No entendemos la intimidad de la manera en que lo hacen las mujeres, pero así son las cosas para nosotros los hombres".

"No conocemos otro modo. Es suficientemente bueno para nosotros".

"Si uno es franco y da a conocer sus sentimientos, los demás se aprovecharán de uno. Simplemente no es seguro. Vuelve para acosarlo".

"Uno no puede ser macho y vulnerable al mismo tiempo. Simplemente no funciona y no sabría cómo aprender de todos modos".

"Con franqueza, no sé cómo ser íntimo emocionalmente. No cuento con las palabras, el vocabulario para describir lo que las mujeres desean oír. Y cuando lo intento parezco un tonto. Quiero ser exitoso, no un fracasado. Así que no lo intentaré".

"El motivo principal por el que no puedo mostrar intimidad es que cuando lo intento, mi esposa es el juez de sí he dado a conocer o no un sentimiento verdadero. Realmente trato de abrirme y acercarme tanto como ella me lo pide. Pero debe haber una lista de reglas acerca de los sentimientos y la cercanía en algún lugar que solo conocen las mujeres. Desde su perspectiva, yo nunca lo hago bien. Así que, ¿para qué intentarlo?"

"No sé si me siento o no cómodo contándole todo. Si hiciera algo que la enfureciera, ella lo usaría en mi contra. Ella les ha dicho algunas cosas a sus amigas que creo que debían permanecer solo entre nosotros dos. Eso me dolió. No creo que las mujeres tengan buen juicio cuando se trata de conversaciones privadas".

Una gran preocupación para los hombres respecto de la intimidad con las mujeres es la confianza. Algunos hombres han tenido malas experiencias luego de abrirse a las mujeres que ha habido en su vida. *¿En quién* pueden confiar? Muchos hombres creen que las mujeres perciben la información de manera diferente y comentan en público lo que los hombres consideran como algo solo personal.

Otra preocupación para los hombres tiene sus raíces en el tema del control. Cuando un hombre da a conocer sus pensamientos y sentimientos personales a fin de acercarse a alguien, potencialmente está dándole a esa persona influencia sobre él. Ese individuo puede utilizar la información dada ya sea *para* su bienestar o *en contra* de su bienestar. Es riesgoso.[5]

Las mujeres también luchan contra el miedo a la intimidad. Hay varios motivos por los cuales una mujer podría temerle a una relación íntima. De uno de ellos ya hemos hablado, el temor al rechazo. Este tema parece estar en el centro de tantos otros miedos. Irene era una joven divorciada que estaba intentando adaptarse a la vida de soltera. Un día se me quejó:

Me entregué a esa relación durante cuatro años. No retuve nada, pensando que mi apertura la haría funcionar. No fue así. Me sentí abandonada cuando él se fue de mi vida. Yo di y él tomó. Luego me hizo a un lado. ¿Para qué querer tanto? Cuanto más uno se acerca, más duele cuando te dejan. Yo era muy cercana a mi papá y cuando él murió a los cuarenta y cinco años fue como si parte de mí también se hubiera muerto. Y eso pasó solo un año antes de que Jim me dijera "adiós". Si los amas demasiado, te matarán emocionalmente cuando se van. Nunca más.

Sí, duele cuando las relaciones íntimas se derrumban. Pero cuando *no* hay intimidad y cercanía en una relación, hay *una posibilidad aún mayor* de que se disuelva una relación. Cuando uno se aísla de otras personas, suele conseguir lo que más teme: El abandono. La valentía para correr el riesgo de la intimidad puede traer una satisfacción tremenda en la vida tanto de hombres como de mujeres. Con frecuencia podemos predecir en la consejería prematrimonial la carencia de la intimidad que se desarrolla en una relación. Es el factor clave en el proceso de vinculación y cuando falta un ingrediente, no se producirá el vínculo.

Las mujeres también luchan contra el temor de perder su identidad en una relación íntima con un hombre. Aún cuando las mujeres suelen alentar y sentirse más cómodas con la intimidad de los hombres, algunas temen perder su sentido de la independencia y autonomía si se acercan demasiado a sus hombres. He visto suceder esto en muchas ocasiones.

Todos necesitamos nuestro propio espacio, nuestra privacidad y nuestro sentido de separación. Eso es normal. Pero algunas mujeres sienten miedo de que las exigencias de un hombre puedan quitarles demasiada energía. Temen que sus hombres puedan comenzar a invadir demasiado la vida de ellas. Y en algunos casos, si un hombre es vulnerable y revela sus sentimientos más profundos, tanto positivos como negativos, la mujer teme que él pudiera ser débil y no fuera capaz de cuidarla como ella desea.

Pasos para vencer el temor

¿Qué puede hacer acerca de sus temores? El paso inicial es enfrentar y aceptar que el temor esté rigiendo su vida de alguna manera. Y si es así, identifique cuáles son los temores. Enumérelos y luego evalúe cada uno en una escala de 0 a 10 para descubrir la intensidad. Un 0 indica nada de miedo, 5 es promedio y 10 es muy intenso. Pregúntese esto: "¿Qué estoy haciendo para mantener vivo este temor en mi vida?" Puede que se sorprenda ante la respuesta. Hable acerca de su miedo con un amigo en quien confíe que pueda ayudarlo. Enumere los resultados de vivir con miedo o de volverse una persona que corre riesgos. Enfrente su miedo haciendo lo que teme. Esto rompe el poder del temor. Observe la Palabra de Dios en busca de guía, sabiduría y control de sus temores. Uno de mis pasajes favoritos es el Salmo 37. Comienza con: "No te impacientes..." y esas palabras se repiten más adelante en el capítulo. El diccionario define "impacientarse" como: "Corroer, roer, desollar, molestar, preocuparse, agitarse, desgastar".

Cada vez que oigo esta palabra, recuerdo la escena que veo cada año cuando camino al costado del río Snake en el Parque Nacional Grand Teton en Wyoming. Familias de castores viven en las orillas del río y con frecuencia observo árboles que están en diversas etapas de ser roídos hasta llegar al suelo. Algunos árboles tienen aros alrededor de sus cuellos donde los castores han comenzado a roer. Otros árboles tienen varios centímetros de corteza comida y algunos ya se han caído al suelo porque los castores han llegado a los troncos. La preocupación y el temor tienen el mismo efecto sobre nosotros. Gradualmente nos roerán hasta que nos destruyan. Y evitarán que tengamos el amor que queremos en una relación.

Además de decirnos que no nos impacientemos, el Salmo 37 nos da sustitutos positivos para la preocupación. Primero dice: "Confía en [descansa en, ten confianza en] Jehová" (v. 3). La confianza es un asunto de no intentar vivir una vida independiente o de manejar las dificultades en soledad.

Significa ir a una fuente más grande para obtener fortaleza.

Segundo, el versículo 4 dice: "Deléitate asimismo en Jehová..." Deleitarse significa regocijarse en Dios y en lo que Él ha hecho por nosotros. Deje que Dios proporcione el gozo de su vida.

En tercer lugar, el versículo 5 dice: "Encomienda a Jehová tu camino..." Encomendarse es un acto final de la voluntad e implica liberar sus preocupaciones y ansiedades al Señor.

Y cuarto, debemos guardar "silencio ante Jehová, y esperar en él". Esto significa someterse en silencio a lo que Él ordene pero estar preparados y expectantes ante lo que Él va a hacer en nuestra vida.

Alguna vez ha tenido en cuenta la pregunta: ¿Por qué Dios puso tantos "no temáis" en la Biblia cuando Él sabe que solemos ser criaturas miedosas? Los "no temáis" de Dios son solo otra forma en la que Él ha provisto para usted. Dios no quiere que su vida sea una tarea. Dios no quiere que usted sea impulsado por el temor, sino por el amor. Y Él le da la esperanza que usted necesita cuando dice: "No temáis".

Usted puede ser una persona libre sin ceder quién realmente es por temor a los demás. La vida es un riesgo, pero los riesgos le dan una gran oportunidad para aprender a vivir por la fe. El temor ya no será la fuerza dominante en su vida si usted se rehúsa a que lo sea. Su imaginación es uno de los dones más grandes de Dios para usted. ¡Úsela! Su imaginación puede generar temor o bien puede ser un vehículo para traer la paz y la calma de Dios en su vida. Isaías el profeta dijo: "Tú guardarás en completa paz a aquel cuyo pensamiento en ti persevera" (Is. 26:3). Si el matrimonio es parte de su sueño, no permita que el miedo se convierta en el compañero de su vida en vez de una persona. Si permanecer soltero es su elección, acéptela porque es el llamado de Dios para usted en lugar de ser por sentir miedo.

Notas

1. M. Blaine Smith, *Should I Get Married?* [¿Debería casarme?] (Downers Grove, IL: Intervarsity Press, 1990), pp. 190-97, adaptado.
2. Tim Timmons y Charlie Hedges, *Call It Love or Call It Quits* [Ámalo o déjalo] (Fort Worth, TX: Worthy Publishing, 1988), pp. 122-28, adaptado.

3. David Burns, *Feeling Good* [Sentirse bien] (Nueva York: Signet Books, 1980), p. 258.

4. H. Norman Wright, *Afraid No More* [No más temor] (Downers Grove, IL: Tyndale, 1989), pp.76-77, adaptado.

5. *Ibíd.,* pp. 54-56, adaptado.

Si no se ha recuperado: ¡Espere!

an transcurrido tres años desde de la ruptura. ¿No pensaría que para este momento yo podría avanzar en una relación nueva sin ser acosado por un fantasma? Parece que mutilo toda relación nueva por lo que sucedió en la última. Sé que me sentí herido, pero ¿alguna vez se irá ese sentimiento? Creo que estoy bien, pero luego me involucro emocionalmente con alguien y se apodera de mí el dolor y el enojo. ¡Y adivine sobre quién los vuelco!"

Es arduo recuperarse de una relación rota. Cuando uno se enamora de una persona que a la vez lo ama, es maravilloso. Pero cuando no lo aman a uno, es como el fin del mundo para algunas personas. Hay momentos en los que se pregunta: "¿Alguna vez sanaré?" Puede tratarse de una relación de largo plazo, de un compromiso o de un matrimonio que finalizó. Todos están llenos de dolor, especialmente si usted es el que ha sido rechazado. Y puede que nunca se vaya por completo si es padre o madre.

Siempre estará unido a través de sus hijos a ese individuo de alguna manera por el resto de su vida.

Cuando una relación se disuelve, está enfrentando una muerte: La muerte de los sueños, las esperanzas, las aspiraciones como así también lo que realmente tenía en la relación en sí. Está perdiendo una historia y una parte de su vida. Incluso si fue usted quien dio por terminada la relación porque ya no quería a la persona o a la relación, sigue habiendo una muerte, aunque puede estar mezclada con alivio.

En casi todas las rupturas cada persona juega un papel diferente. Uno es el que rechaza y el otro el rechazado. El que rechaza puede sufrir tanto como el rechazado. Tal vez le suene raro, pero no es tanto el papel que usted jugó, sino quién tiene la mayor inversión emocional en la relación. Esa persona es la que más tiene para perder, independientemente de la forma en que se quiebra la relación. ¿Las mujeres sufren más que los hombres? No necesariamente. Ellos se conduelen de manera diferente, así como tienden a apenarse de manera diferente.

Los hombres y las mujeres suelen ver las relaciones de manera diferente. Por ejemplo, los hombres no definen generalmente la autoestima por el éxito o el fracaso de una relación, mientras que las mujeres suelen poner más énfasis en la calidad de las relaciones. Las mujeres suelen sufrir durante más tiempo y con mayor profundidad así como también se preguntan a sí mismas el por qué del fracaso. Pueden preguntarse: "¿En qué me equivoqué?"

¿Por qué este capítulo es importante para usted si ya está buscando a otra persona? No puede avanzar a una relación nueva, saludable y posiblemente permanente si todavía tiene energía emocional atada a la última relación.

Puede que piense que se ha recuperado y tal vez lo haya hecho. Y luego nuevamente, tal vez no. Algunas personas no se han recuperado, pero no son concientes de ello hasta que están en medio de una nueva relación. Entonces las golpea. Y lo inesperado de ello da vuelta de cabeza a la vida de cada una de ellas. Descubren que no han olvidado por completo.

Tres papeles en la recuperación

Cuando una relación se disuelve hay en realidad tres papeles diferentes para los participantes. Uno de los participantes pudo haber experimentado los tres. Un papel es denominado el "que rechaza voluntariamente". En esta posición usted se ha divorciado emocional e intelectualmente de la otra persona, ya se trate de que esté casado o de novio. Pudo haber sucedido lentamente como una emoción sutil o de repente como la erupción de un volcán. Cuando rompe con la relación, su conducta es ahora coherente con sus pensamientos. Puesto que está a cargo de lo que está sucediendo, su recuperación puede ser más rápida que si fuera la persona rechazada. Usted es quien ha tenido más tiempo para prepararse para esta decisión y actuar. Su mayor dolor e incluso culpa pueden ser el dolor que está experimentando su ex.

Algunas personas terminan siendo "personas que rechazan involuntariamente". Cuando esto sucede, su dolor y desconsuelo pueden ser iguales al del rechazado. Algunos han dicho: "Esto es una locura. Me siento como un villano y una víctima al mismo tiempo. ¿Cómo sucedió esto?" Es cierto. Puede terminar sintiéndose partido al medio. Usted es el que está terminando con la relación y esto da cuenta de que se sienta un villano. Pero si aún ama a la persona, también se siente una víctima. Es como si su alivio por terminar con la relación se viera empañado por el dolor emocional que siente.

A veces lo que lo lleva a dar el paso de terminar es de un modo u otro sentirse rechazado por la otra parte. Su pareja o cónyuge puede estar involucrado con alguien más mientras aún sigue con usted o puede estar consumido por el trabajo y los deportes. A veces las parejas tienen aventuras con cosas y actividades en lugar de tenerlas con otras personas. A veces su acto de rechazar a la persona es un acto de intentar despertarlo para poder salvar la relación. He visto esto suceder cuando una parte estaba consumida por el trabajo, demasiado involucrada con su familia de origen, involucrado en las drogas, el alcoholismo, la pornografía, etcétera.

La dificultad de ser una "persona que rechaza involuntariamente" es el sentimiento doble de esperar que se termine para escapar del dolor, pero también esperar que funcione. Siente culpa y pena al mismo tiempo o va y viene entre estos dos sentimientos. Esto obstaculiza la toma de decisiones. Es difícil conciliar a una víctima y a un villano cuando uno es ambas cosas. A veces uno termina volviendo a la persona por un tiempo, con la esperanza de lo que lo que lo hizo dejarla ya no existe. He visto a algunas parejas irse y volver, varias veces en un período de varios años, pero con frecuencia la relación no termina bien. He visto varias separaciones matrimoniales funcionar. Sin embargo, porque hay una mayor inversión emocional en un matrimonio que en una relación de novios. Hay más para perder si se disolviera.

La víctima clásica en una ruptura de una relación es realmente el "rechazado", puesto que no tiene control sobre lo que está sucediendo. A veces uno tiene indicios de que esto va a ocurrir y uno se preocupa por ello. O podría estar negando las señales obvias. Sin embargo, nuevamente, usted podría estar absorto y llega como un impacto mayor. Un conocido mío me dijo que su esposa le sugirió que fueran a cenar afuera una noche y mientras estaban sentados comiendo, su esposa le informó de manera muy fría que su matrimonio de 32 años se había terminado y que a la mañana siguiente ella presentaría los papeles de divorcio. Esto le cayó como un impacto total a él, ya que no había indicios ni dificultades ni ella mostraba falta de satisfacción. Se desplomó emocional y financieramente durante los siguientes años. Fue un impacto total y un rechazo completo. Cuanto más grande es el nivel de inconsciencia y de algo repentino de cualquier ruptura, más grande es el impacto y el dolor. No solo uno pierde a la persona a la que todavía quiere, uno pierde una parte de sí mismo, su valoración propia.[1]

¿Cuál de los tres ha tenido tendencia a ser a lo largo de los años: Una persona que rechaza voluntariamente, una persona que rechaza involuntariamente o el rechazado? ¿Hay un patrón y de haberlo, qué le dice acerca de sus relaciones? ¿Cuál ha sido usted recientemente? En una escala de 0 a 10, ¿dónde se encuentra ahora en la recuperación?

¿Cuánto dura el dolor?

"Norm, ¿cuánto dura? ¿Cuánto durará este dolor? ¿Cuánto tiempo me llevará recuperarme? ¿Cuándo se irán los pensamientos, los sentimientos, los recuerdos para que pueda seguir adelante con mi vida?" Oigo estas preguntas con frecuencia, porque trabajo con muchas personas que están sintiendo pena de algún modo por la pérdida de una relación. No estoy seguro de poder darle una respuesta exacta, porque las estimaciones varían. Por ejemplo, sí sabemos que cuando uno pierde a un ser querido en lo que se llama muerte "normal", el tiempo promedio de recuperación es de aproximadamente dos años. Con una muerte accidental, son tres años. Los autores de *Letting Go* [Dejando ir], un libro que trata de la recuperación de un corazón roto (basado en entrevistas a los que sufren de depresión, sentimientos de falta de adecuación y pérdida de autoestima), el tiempo promedio que llevó llegar a un funcionamiento normal para regresar y la ausencia de recuerdos persistentes era generalmente la mitad del tiempo que duró la relación. Eso significaría que un matrimonio de cuatro años tendría dos años para recuperarse y un matrimonio de 12 años, seis años de recuperación. No estoy seguro de que esto pueda usarse como una pauta, ya que cada relación, cada persona y cada situación son distintas. Podría ser preciso si la persona no se involucrara en su trabajo de pena y avanzara hacia la recuperación. Los autores también dicen que siguiendo los principios sugeridos, los síntomas mencionados se irán en tres meses.[2]

Otros dos autores han descrito el estado que se siente durante una ruptura como "impacto de amor", que es básicamente una combinación de adormecimiento, desorientación, vacío y un sinnúmero de otros sentimientos que aparecen. Es similar a una reacción de crisis o de duelo por cualquier tipo de pérdida. Sugieren que a las personas le lleva aproximadamente un año completar su "impacto de amor", pero no es inusual que transcurra más tiempo.[3]

Creo que una regla general a seguir es, cuanto más ha aprendido a manejar la crisis y más sabe acerca de las pérdidas de la vida y el dolor, más posibilidades tiene de recuperarse.

¿Qué sucede cuando se termina?

Cuando se termina una relación estrecha, una parte de usted quiere que usted intente de nuevo con otra relación.

Pero otra parte de usted dice: "¡Olvídalo! ¡No vale la pena correr el riesgo!" Usted teme que el pasado se repita y que su nueva relación también termine en una ruptura dolorosa. O teme que siempre sentirá la pérdida y el dolor de su ruptura anterior y nunca podrá alcanzar a la otra persona y amar de nuevo. Este temor se ve intensificado cada vez que revive la ruptura. Cada vez que revive la experiencia en su memoria, el martillo emocional lo golpea de nuevo. Incluso he oído decir a las personas que pensaban que se volverían locas durante esta fase.

El temor a revivir el pasado paraliza el proceso normal de construir una nueva relación. Este miedo crea una duda de invertir energía, amor y transparencia en un nuevo interés amoroso. Usted se pregunta: "¿Y si sucede de nuevo?" Muchas personas que tienen miedo de seguir adelante en una nueva relación también temen permanecer atrás sin nadie a quién amar. Pero cuando uno se arroja a una relación demasiado pronto, la contamina y evita tratar con la última. Se siente atrapado entre el temor a amar de nuevo y el miedo de no ser amado nunca jamás. Parecer más intenso cuando usted es la persona rechazada en un divorcio.

Hay emociones adicionales que alimentan el temor de amar de nuevo. Uno de ellas es la culpa: El sentimiento de que usted ha fracasado, que lo ha hecho ante sus ideales, su Señor o la otra persona, especialmente si hubo intimidad sexual o convivencia. En ocasiones siente que: "¡Desperdicié cuatro años de mi vida!" Esta culpa puede existir ya se trate de la persona *rechazada* o de la que *rechaza*. La culpa no resuelta daña la autoestima. Y la autoestima baja produce un miedo aún mayor. Si se siente culpable por una relación rota, es importante identificar si los sentimientos se basan en la realidad (tal como romper un compromiso o actuar en forma irresponsable hacia la otra persona) o en la imaginación (culparse por algo que realmente no fue su responsabilidad). He oído muchos remezones dolorosos de las rupturas. El novio de una muchacha rompió con ella y se casó con su hermana. ¿Cómo se imagina que se sintió ella? Otra mujer joven estaba de novia con un hombre de 50 años que estaba loco por ella. Un día le presentó a su hijo de 28 años. Cinco semanas más tarde, ella y el hijo estaban casados.

Cuando se producen las rupturas, uno ansía la relación que alguna vez tuvo. Para algunos, esta ansia se convierte en una obsesión que domina todo momento de vigilia. Nada tiene ningún significado hasta que se restaura la relación. Hay algunos que se vuelven adictos a la persona. A esto lo denominamos amor obsesivo. Esta es la creencia de que esta y solo esta persona mágica puede satisfacer las necesidades de uno. Para calmar el dolor, algunas personas comienzan pasando una noche con la otra o comiendo como si la comida fuera a ser racionada en el futuro. La restauración de la relación exactamente como es sucede muy poco frecuentemente. El sentimiento de estar fuera de control es particularmente devastador, ya que no hay nada que usted pueda hacer. Puede rogar, jurar, ofrecer sobornos, amenazar con suicidarse y demás, sin efecto alguno. Nada parece funcionar, nada va a funcionar y nada funciona. Usted se siente abandonado, dejado de lado, traicionado y muy solo.

Etapas de la recuperación

Como el duelo que experimentamos cuando muere una persona, las etapas por las que atravesará para recuperarse de una relación perdida son predecibles. Estas etapas constituyen el proceso normal y sano de la recuperación. Si la sanidad es completa, tendrá algunas cicatrices emocionales pero no tendrá heridas abiertas. He hablado con algunas personas que aún tenían heridas abiertas de una relación durante más de 15 años. Eso es triste. Si uno no hace el duelo, no podrá permitir que la relación muera, que se termine. Si no lo hace, está llevando consigo el cadáver y con el tiempo comenzará a oler mal.

Por favor tenga presente que las etapas identificadas aquí varían en su longitud e intensidad, según sea la duración y la fuerza de la relación. Cuando la ruptura no es su deseo, el resultado es todavía más intenso.

Habitualmente habrá tres etapas por las que atravesará cuando se acaba una relación amorosa. Su dolor será mayor durante estas primeras tres etapas. De eso puede estar seguro. Al avanzar por cada etapa, la intensidad de su dolor disminuirá, pero puede que vuelva con toda su fuerza cuando menos lo espera. Cuanto más avance por el camino, menos temor sentirá. Lo peor que puede pasar es quedarse atascado en una etapa y no completar todo el proceso.

Algunas de estas etapas se superponen y puede que avance y retroceda entre ellas durante un tiempo. Esto es bastante normal. Es parte del proceso de sanidad. Así que cuando avance a la etapa siguiente, no se deprima cuando resurja la anterior.

Primera etapa: Impacto. Cuando primero pierde una relación amorosa, se sentirá pasmado y abrumado por el impacto. Llamamos a esto la etapa del impacto en una crisis. Incluso cuando se ha anticipado la ruptura o el divorcio, la realidad de los mismos tiene un efecto único. Con frecuencia hay un sentimiento de adormecimiento. Algunas personas no son capaces de continuar con sus actividades cotidianas; incluso comer y dormir se vuelven tareas. En esta etapa vive por medio de sus sentimientos.

Ya sea que pueda identificarlo o no, experimentará un temor intenso de estar solo o de ser abandonado para siempre. Pero debe experimentar estos sentimientos para poder avanzar en el proceso de sanidad. En esta etapa, debe tener otras personas alrededor de usted, quiera o no tenerlas alrededor. Solo la presencia de otras personas puede ayudar a aliviar el temor a la soledad.

Segunda etapa: Duelo. La etapa del duelo puede ser prolongada, porque incluye hacer duelo por la pérdida de lo que compartieron juntos y lo que *podrían* haber compartido. Durante esta etapa, puede experimentarse enojo y en algunas formas se necesita expresarlo. Puede estar enojado consigo mismo, con Dios y con las personas que no comprenden su dolor. Puede deprimirse por la relación rota y la desesperanza de relaciones en el futuro. Puede tender a ver a todos los hombres o a todas las mujeres desde esta misma perspectiva. Para poder hacer el duelo y avanzar, tiene que aceptar el hecho de que la relación se terminó. Usted se da cuenta de que su ser querido se ha ido y ahora se siente vacío. Tal vez esto se exprese mejor en una antigua canción de Karen y Richard Carpenter:

Adiós al amor
No hay mañanas para este corazón mío.
Por cierto el tiempo perderá estos recuerdos amargos.
Y encontraré a alguien en quien creer.
Y para quien vivir, algo por qué vivir.[4]

Cuando la relación terminada es un divorcio, este es el momento en que aparecen los "mitos del divorcio". El primero es: "Nadie comprende". Es la sensación de que su situación es tan única e inusual, que es inconcebible que otra persona lo pueda comprender. Es importante darse cuenta de que los que han pasado por esto sí comprenden todos sus aspectos. Comprenden los sentimientos de abandono, culpa hacia uno mismo, culpa hacia los demás, enojo, la angustia como un cuchillo y el dolor.

"Me voy a morir" es un sentimiento predominante. Todo se ve a través de este filtro. Pero como lo describió una persona: "¿Me duele mucho en este momento? Sí. ¿Quisiera estar muerto? No".[5]

Muchas personas experimentan una leve paranoia. Enunciaciones tales como "Todos hablan de mí", "Soy el tema de sus conversaciones", "Puedo decir que todos me evitan" y "Nadie quiere estar cerca de mí", son frecuentes. Lamentablemente, la persona con frecuencia cree en ellas y lo que es peor, en algunas iglesias estrechas de mente, no amorosas, a veces son ciertas. La sensibilidad emocional se ve elevada en estos momentos y sentirse cohibido es algo común.

Otros mitos comunes de las personas divorciadas son: "Todos me odian", "Dios me odia" y "Él está tan poco complacido conmigo". Estos pensamientos simplemente no son ciertos. Dios odia el acto del divorcio, pero no a la persona que se divorcia. Cuando las personas le responden a usted de manera diferente, no es porque haya un defecto en usted. Podrían sentirse cohibidos porque no saben qué decir. Después de todo, ¡quién nos ha dado alguna vez pautas sobre cómo responder cuando alguien atraviesa la ruptura de una relación![6]

Además de estos pensamientos, pueden comenzar a residir en usted una gran gama de síntomas. Otro tipo de pensamiento obsesivo comienza a tomarlo prisionero. Es una señal de estar todavía apegado a la relación.

1. Arregla "encuentros accidentales" con la otra persona.
2. Su vida de pensamientos está consumida por la otra persona.
3. Escucha el teléfono y corre cuando suena.
4. Escucha canciones tristes y piensa que son sobre usted y la persona que perdió.
5. Piensa que vio a su ex amor o a su automóvil en todas partes.
6. Quiere comunicarse con la persona, pero teme el rechazo.
7. Sigue a las personas o a los autos pensando que es la persona que perdió.
8. Dedica mucho tiempo pensando acerca de la persona, trazando planes de lo que dice o de cómo hacer que vuelva o preguntándose si lo que dijo cuando estaban juntos no era verdad.
9. Usted sabe que esta relación fue la mejor que podría haber tenido. Algunos hasta envían regalos no deseados y no bienvenidos, los llaman por teléfono continuamente, conducen cerca de su hogar o lugar de trabajo, aparecen sin anunciarse o incluso los acosan. Lamentablemente, algunos dan todavía un paso más allá y dejan de lado la cruzada de volverlos a ganar y se inclinan por la venganza. La ira ha ocupado el lugar del amor.[7]

¿Qué otros pensamientos tiene? Tal vez le ayudaría hacer una lista de ellos y actuar para ponerlos a descansar.[8]

Parar los pensamientos es un paso necesario para que la realidad tenga una oportunidad de encontrar apoyo en su vida de nuevo. Si se encuentra en un estilo de vida de vencido, deberá terminar con sus pensamientos obsesivos, sentimientos obsesivos y conductas obsesivas. Si reduce uno, los otros lo seguirán. Esto significa no llamar, no aparecerse, no dar regalos, no enviar cartas, etcétera.

Cuando tenga pensamientos recurrentes, hay esperanza. *Pueden* ser eliminados de su vida. Hay dos pasos específicos a dar. Primero, orar en voz alta, expresando su preocupación y describiendo específicamente lo que usted quiere que Dios haga con esos pensamientos. En segundo lugar, leer en voz alta los siguientes pasajes, que hablan acerca de cómo podemos controlar nuestra vida de pensamientos: Isaías 26:3; Efesios 4:23; Colosenses 3:1,2; 2 Corintios 10:5 y Filipenses 4:6-9.

Otra forma de manejar esos pensamientos es un poco salvaje. Identifique uno de los pensamientos negativos más persistentes, el que aparece en su mente con mayor frecuencia que todos los demás. Elija un momento en que se sienta bastante tranquilo. Diga la enunciación o las enunciaciones en voz alta sin llorar ni enojarse, si es que puede. Si no puede, está bien. Con el tiempo podrá hacerlo. Cuando diga la última palabra de la enunciación (como por ejemplo, "¿Cómo pudo ser tan engañosa e *injusta?*"), golpee con un libro o una regla fuerte sobre una mesa o simplemente aplauda. Repita la oración y retroceda el ruido una palabra por vez que repite el pensamiento negativo. Con el correr del tiempo, este pensamiento será interrumpido antes de que tenga la oportunidad de comenzar. Y cuando esto suceda, agradezca a Dios por llevarse este pensamiento de su vida.[9]

Tercera etapa: Culpa. Los sentimientos de culpa, acompañados de enojo, pueden sentirse hacia su ex esposo o esposa, novio, novia, compañero, compañera de salidas o incluso hacia usted mismo. Su conducta durante esta etapa puede sorprenderlo mientras intenta sacarse de encima estos sentimientos. Sus actos pueden no parecer encajar con sus patrones del pasado. Puede tener comportamientos compulsivos tales como comprar o comer dulces, abusar del alcohol o hasta llegar a la promiscuidad. No es poco usual que las personas tomen malas decisiones en esta etapa. Los temores al rechazo, al aislamiento o a la falta de adecuación personal hacen que algunas personas actúen de forma contraria a su propio sistema de valores.

Fredy era un hombre de 35 años cuya esposa se divorció de él para casarse con su empleador. Él estaba destrozado por el divorcio, pero gradualmente comenzó a salir de nuevo con mujeres. Sin embargo, no tenía éxito en sus nuevas relaciones.

Un día Fredy explicó:

> Supongo que todavía estoy enojado con Irene por haberme dejado. Pero no hay forma de hacerle pagar por lo que me hizo y no puedo dirigir mi enojo hacia ella. Así que probablemente ese sea el motivo por el que las nuevas relaciones no funcionen. Me gustan las mujeres con las que salgo, pero no las trato bien. Me enojo con ellas y con frecuencia soy brusco. ¡Yo no soy así! Creo que estoy intentando vengarme de mi esposa al volcar mi enojo en estas otras mujeres. Y eso no es bueno para ellas ni para mí. Supongo que trato de herirlas primero, porque tengo miedo de que me hieran como lo hizo mi esposa. ¡Y no quiero volver a sentirme herido de ese modo otra vez!

Afortunadamente, Fredy tuvo el discernimiento de descubrir qué estaba haciendo y finalmente salió de esa etapa.

Durante las etapas de duelo y culpa, algunos errores comunes pueden obstaculizar la recuperación. Generalizar después de cualquier relación rota es tan sencillo de hacer. Uno toma una creencia o experiencia aislada y la aplica a la vida en general. Cuántas veces oí a mis pacientes decir: "Todas las mujeres piensan en el dinero", "Todos los hombres son adictos al sexo", "Todas las mujeres están llenas de emociones. No saben pensar". Tales generalizaciones inmovilizan a cualquiera.

Un error frecuente es caer en la trampa de vivir por medio de una profecía que se cumple por sí misma. Tal vez usted lo ha oído o lo ha dicho: "Nunca encontraré a nadie más. Estoy atascado en la vida. Quedaré soltero para siempre". Esta creencia defectuosa nos ciega de ver las posibilidades que nos rodean. Nos da una actitud y una apariencia de vencidos. Nuestra profecía dice más sobre de dónde venimos que sobre a dónde nos dirigimos.

Estas profecías no hacen nada más que socavar y mutilar las relaciones.

Otro error que solemos traer de una relación rota es un conjunto de expectativas realistas. Usamos palabras como *debería* y *debo,* y cuando las cosas no se dan de acuerdo con nuestro rígido conjunto de creencias, perpetuamos una vida de desilusión. Usamos las expectativas para nosotros y para otras personas:

"Tengo que ser perfecto para que alguien me ame".
"Si no satisfago todas sus necesidades, él no me amará".
"Si ella me quiere, ella hará... y ella no hará..."
"Si él me recuerda mi ex esposo o compañero de citas, no vale la pena estar con él".

Revolcarse en la lástima propia es una trampa emocional que con frecuencia le sigue a una relación rota. Pero permitirse la lástima propia bloquea la recuperación y evita que las otras personas se acerquen a uno.

Una de las respuestas más destructivas es no poder mirarse al espejo. Un día un hombre en mi consultorio dijo: "Norm, no puedo soportar mirarme al espejo después de lo que sucedió en mi vida". A veces a estas personas se las refiere mejor como "corredores". Están continuamente actuando y haciendo cosas para evitar tener que tratar con su situación y sus sentimientos. No quieren enfrentarse a sí mismos. Los patrones familiares son trabajar incesantemente, jugar, salir todas las noches, dormir, mirar la televisión. Y lo que es peor, abusar del alcohol y de las drogas. La vida frenética, demasiado activa y ocupada es tan mala como una existencia replegada y letárgica.[10]

Un error muy común diseñado tanto para superar la pérdida como para golpear de nuevo es el "amor de venganza". La persona herida se arroja a una relación nueva prematuramente por enojo. Esta venganza podría manifestarse en tres estilos diferentes:

Una manifestación es participar de una nueva relación simplemente para hacer que la otra persona se sienta celosa. Una cantidad inmensa de energía se gasta en este enfoque puesto que se hacen arreglos para que el ex novio o novia o cónyuge vea en realidad a la nueva pareja.

Otra variación del amor de venganza es actuar hacia la nueva persona en su vida en la forma en que fue tratado por su ex pareja. Si el mal trato fue parte de la historia y usted fue la víctima, ahora cambian los papeles. Si el patrón fue la manipulación, para no sentirse herido nuevamente esto se convierte en su arma y en su defensa.

Una variación final del amor de venganza es entablar una relación en la que usted tiene el control de modo de que nadie más pueda controlarlo ni herirlo de nuevo. Pero en estos tres estilos de venganza, tanto usted como la nueva persona terminan heridos, infelices e insatisfechos.[11]

Hay una mejor manera de purgar el enojo. La venganza no funciona. El resentimiento nos castiga más que a la otra persona porque con mayor frecuencia el otro individuo no es conciente de la intensidad de nuestros sentimientos.

La magnificación es también una de las trampas y de los errores que se dan después de una relación rota. Usted comienza a pensar acerca de la persona que perdió y está convencido de que se está divirtiendo como loco mientras usted vive desesperado y desalentado. Usted se siente limitado y restringido, mientras está seguro de que su ex está viviendo la vida al máximo. La frase principal de su vocabulario es: "Probablemente él esté..." o "Probablemente ella esté..."

La magnificación puede fácilmente conducir al martirio, si es que usted la deja. Todos tenemos una opción en cómo respondemos.

Cuarta etapa: Adiós. Esta etapa por lo general es difícil de enfrentar, puesto que implica un final. Si se ignora o niega esta etapa, no habrá ninguna recuperación. Esto es cuando uno realmente admite: "La relación se terminó; esta persona está fuera de mi vida, y debo seguir adelante". He visto numerosas personas quedar atascadas en el umbral de esta etapa, a veces durante más de un año. Algunas de esas personas parecen avanzar y tres semanas más tarde están formulando las mismas preguntas y diciendo las mismas cosas acerca de una reconciliación que nunca sucederá. No están dispuestas a decir el adiós final.

¿Cómo se dice adiós? Toda relación necesita algún tipo de epitafio. Debe enfrentar primero sus sentimientos.

Consideremos el enojo y el resentimiento. Tal vez el paso inicial para superar el enojo y el resentimiento sea hacer un inventario e identificar el dolor, el enojo y el resentimiento. Un hombre divorciado escribió:

>Estoy muy enojado contigo por tus mentiras e infidelidades.
>
>Resiento el hecho de que tenga que pagarte pensión matrimonial. Debería ser al revés por las cosas que hiciste.
>
>Estoy herido por tu traición a mí y a nuestros votos matrimoniales.
>
>Estoy enojado porque tú tienes a los niños y ellos son influidos por tu espantoso estilo de vida y tu falta de moral.

Con frecuencia, cuando una persona comienza a enumerar estos resentimientos, heridas enterradas y sentimientos, comienza a atravesar las barreras. Esta lista es para su propio uso y no debe dársela a conocer a nadie, excepto con Dios. Esta no es una experiencia fácil. Le puede resultar difícil emocionalmente.

Después de haber hecho la lista, vaya a una habitación y coloque dos sillas (una frente a la otra). Siéntese en una silla e imagínese a su ex sentado en la otra escuchando lo que usted le dice. Coloque su nombre en una tarjeta o use una fotografía. Lea su lista en voz alta con su tono e inflexiones que registren los sentimientos que tiene. No se preocupe por editar lo que está diciendo. Simplemente sáquelo afuera. Algunas personas guardan la lista durante días, agregándole cosas que le vienen a la mente. A otros les sirve sentarse y expresar de esta manera varias veces para beneficios de purga. No se sorprenda si se encuentra enojado, deprimido, intenso, avergonzado o ansioso. Cuando haya concluido, dedique unos pocos minutos a la oración expresando esos sentimientos a Dios y agradeciéndole por comprender lo que usted está experimentando y por su presencia en su vida para ayudarlo a superar los sentimientos.

Para tornarse en una persona libre y avanzar en la vida, hay un paso adicional involucrado en la renuncia a su enojo y resentimiento. Se llama perdón. Nadie le podrá decir cuándo ocurrirá. No lo puede apurar, puesto que es un proceso que lleva tiempo.

La mayoría de nosotros tenemos nuestro propio conjunto de motivos para no perdonar a otra persona. Objetamos dejarlo ir. Una de las maneras de permitir que el perdón tenga lugar en su vida consiste en identificar las objeciones que tiene para perdonar a la persona que lo hirió tanto. Tome una hoja en blanco y escriba una situación en la parte superior. Use el nombre de su ex pareja: "Amado o amada _____". Debajo del saludo, escriba las palabras: "Te perdono por _____" Luego complete la oración diciendo algo que hizo su ex que todavía le duele y lo enoja. Luego capture el primer pensamiento que le venga a la mente después de escribir la oración. Puede ser un sentimiento o un pensamiento que en realidad se contradice con el perdón que intenta expresar. Puede ser una respuesta o protesta emocional a lo que acaba de escribir. Siga escribiendo frases de: "Te perdono por _____" para cada pensamiento o sentimiento que surja a la superficie.

Su lista puede llenar una hoja o incluso dos. No se desaliente si sus protestas de enojo contradicen el concepto de perdón o son tan firmes y vehementes como si no hubiera expresado perdón de ningún modo. Usted está en el proceso de perdonar a esta persona, así que siga escribiendo hasta que se hayan vaciado todos los bolsillos de resentimiento. Nuevamente, no le muestre la lista a nadie, sino que usando una silla vacía, lea la lista en voz alta como si la persona que estuviera sentada allí lo escuchara.

Aquí hay una muestra de lo que escribió una mujer a su ex esposo, que se había divorciado de ella:

Amado Jim:

Te perdono por no estar dispuesto a darme a conocer tus sentimientos.

"No, no es así, todavía me siento engañada por ti. Eras de una manera cuando salíamos y luego cambiaste apenas nos casamos."

Te perdono por abandonarme cuando quería hablar sobre nuestros problemas.

"Todavía estoy enojada por tu silencio."

Te perdono por no tratar de que nuestro matrimonio funcionara.

"¿Por qué no pudiste intentar más? ¡Podríamos haberlo logrado!"

Te perdono por estar sentado viendo la televisión cuando yo quería salir y divertirme.

"Todavía me resulta difícil comprender por qué no quieres estar conmigo."

Luego de que ella identificó estos como sus dolores principales, continuo escribiendo estas "frases de perdón" todos los días durante una semana hasta que no tuvo más refutaciones ni quejas. Cuando esto sucede, comienza el perdón.

Otra forma de hacer esto es solo tomar uno de los asuntos que usted resiente y escribirlo una y otra vez en el papel, escribiendo toda refutación que venga a la mente hasta que pueda decir "Te perdono por____" varias veces sin ninguna objeción en la mente. Esto lo llevará de vivir en el pasado a vivir en el presente.

Tal vez la definición del diccionario de *olvidar* pueda brindarle cierto discernimiento sobre la actitud y la respuesta que puede escoger. *Olvidar* significa "perder el recuerdo de, tratar con desatención o descuido, descuidar intencionalmente; pasar por alto; dejar de recordar o de advertir, dejar de estar atento en el momento apropiado". No sucede así porque sí. Lo hacemos intencionalmente, a propósito.

Podemos perdonar porque Dios nos ha perdonado. Él nos ha dado un modelo hermoso de perdón. Permitir que el perdón de Dios impregne nuestra vida y nos renueve es el primer paso hacia estar completos.

En respuesta a la pregunta: "¿Cómo saber cuándo ha perdonado a una persona?", Lewis Smedes dijo una vez: "Se ha perdonado cuando en su corazón comienza a desearle el bien a esa persona". Cuando podemos orar por esa persona y pedirle a Dios su bendición sobre ella, hemos perdonado. Pero nuevamente, esto es algo progresivo y puede llevar meses o años trabajar el dolor y la pena de la ruptura.

Para finalizar nuestro acto de perdón, puede ser útil escribir una frase de liberación para su ex. La mujer descrita anteriormente, que estaba luchando para perdonar a su ex esposo, es un buen ejemplo de lo que puede ocurrir al superar el dolor del pasado. Ella dijo en su frase de liberación:

Amado Jim:

Te libero de la responsabilidad que te impuse al determinar cómo me he sentido por el divorcio. Nunca comprendí todo lo que sucedió para que te pusieras como te pusiste y probablemente nunca lo haga. Lo que importa es que te libero de la amargura y el resentimiento que tuve hacia ti durante los últimos tres años. Te libero de mis expectativas de quién y qué debías haber sido. Te perdono.

Ya sea que su relación haya sido un matrimonio o no, ya sea que terminó en divorcio o por causa de muerte, por ruptura, un paso positivo es escribir una carta de despedida. La siguiente es un ejemplo de un hombre que le escribió a su esposa fallecida cuando estuvo listo para volver a casarse. Esto es lo que dijo:

Una carta de despedida

Amada Chrissie:

Quiero volver a casarme. No quise esperar y escribirte una carta de "Amada Chrissie, me volví a casar".

Sabes que te amé cuando estabas aquí y estábamos juntos. ¿Te sigo amando? Sí y no. Sí, sigo amando a la persona que conocí alguna vez, la que está en mi memoria. Pero Chrissie, tú ya no estás aquí. No puedo decirte: "Te amo" porque no estás. Puedo atesorar un pensamiento, pero no puedo amarlo. ¿Te extraño? Sí. ¿Quisiera volver a verte? Por supuesto. Pero soy una persona y solo puedo amar a otra persona.

Si estuvieras aquí te presentaría a Emily. Ella es atractiva, buena e inteligente y tiene una especie de fortaleza especial que admiro. También es muy cariñosa con Aimee y Katie. Las trata con afecto, de forma muy parecida a cómo lo hacías tú, si bien no la ven como la figura de autoridad que eras tú.

Te extraño. Te extraño más de lo que nadie, incluso a ti, a nuestra pequeña Christine podría sospechar. Por favor mantenla cálida. Y por favor ámala cómo solo tú puedes hacerlo. Yo amaré a Katie y a Aimee como solo puedo hacerlo ahora.

Otra etapa en este proceso es desensibilizar lugares dolorosos. He hablado con personas que han cambiado de trabajo, evitado restaurantes y lo que solían ser lugares de recreación favoritos y hasta cambiaron de iglesia porque eran recordatorios dolorosos de lo que solía ser. Pero esto es permitirle a la otra persona controlar y dominar su vida. Es vital que usted regrese a todos esos lugares y tome control sobre ellos. Tal vez tomó vacaciones en algunos lugares especiales antes de divorciarse y le gustaría regresar. Pero el temor lo retiene. Lleve a un amigo cercano o a un pariente con usted. Dele este lugar a Jesucristo en sus oraciones y pídale que quite el dolor de ese sitio. Vuelva al restaurante o a la iglesia. Hágase de un tiempo especial y pida la bendición de Dios sobre el lugar y la ocasión. Cuanto más se aleje, mayor será su temor y su aversión. Regresando, diluye el dolor.

Es común escribir una carta de amor en la etapa de construcción de una relación. Es poco común escribir una para concluir una relación. Sin embargo esta práctica puede ayudarlo definitivamente. Esta última carta de amor es una en la que reúne todos sus pensamientos, incluyendo el enojo, los ruegos, las racionalizaciones, las preocupaciones o las disculpas. Escríbalo todo en una carta, pero no la envíe por correo. Este proyecto puede continuarse durante varios días o puede ser hecho en un solo momento. Incluye dejar de lado sus sueños no satisfechos con esta persona y qué se perderá esa persona por no tenerlo como parte de su vida. Este es un acto de limpieza, especialmente cuando lea la carta en voz alta a una silla vacía, diga todo el contenido a Dios en oración, libérese de la tiranía de estos pensamientos sobre usted y diga su adiós final. Para completar el proceso, ayuda reunir recuerdos e incluso algunos artículos reales que esa persona le dio y reflexionar sobre los recuerdos positivos y negativos. Tal vez quiera descartar algunos y guardar otros.

Quinta etapa: Reconstrucción y *sexta etapa: Resolución.* En estas etapas, finalmente está capacitado para hablar sobre el futuro con un sentido de esperanza. Está por completar su despego de la otra persona, afortunadamente sin temores que permanezcan allí. Pueden producirse nuevos apegos saludables en este momento sin el apego emocional del pasado.

En una reunión con un grupo de padres y madres solteros, le pedí a varias personas que respondieran a esta pregunta: "¿Cuál fue el paso más útil que dieron para recuperarse de una relación rota?" A continuación figuran cuatro respuestas diferentes para demostrar la variedad de métodos.

"Tener una relación con Dios, por lo tanto, ¡saber que no estaba solo! ¡Mi fe me ayudó a recuperarme! Tener un lugar a dónde ir donde tenía personas con quienes relacionarme y poder obtener ayuda o expresar mis sentimientos. Tener un lugar (seguro) (sano) (lleno del Espíritu) donde me alentaron a crecer y a aprender, donde me dieron herramientas para posibilitar esto".

"Le pedí a la persona que estuviera disponible para mí cada vez que tuviera una pregunta acerca de por qué terminó mi relación. Él pudo responder las preguntas que yo tenía y me ayudó a comprender lo que le había pasado por la cabeza. Llamo a esto 'procesamiento' de lo que sucedió para poder *comprenderlo* y luego *aceptarlo*. Esto fue muy liberador para mí".

"Me he unido a un grupo de apoyo que ofrece relaciones positivas y seguras con cristianos que experimentaron la misma pérdida que yo. He podido reflexionar, aprender, crecer, llorar, consolar y ser consolado. He experimentado amor y aceptación cuando me sentía incapaz de ser amado e inaceptable. He comenzado a sanar y comencé a perdonar".

"Hacerme cargo de mí mismo. Me apropié de los problemas que condujeron a la ruptura. Participé en una educación de grupo orientada a equipar a las personas con herramientas y habilidades para la recuperación".

Sin embargo, debemos recordar que hay tres resultados posibles de una ruptura de una relación: un cambio para mejor, un cambio para peor o un retorno al nivel anterior de vida. En el inicio de la ruptura, es casi inconcebible que las cosas cambien para mejor, especialmente si usted es el que ha sido rechazado. En las últimas etapas de la crisis, puede que vea atisbos de posibilidades de un cambio positivo. Sus juicios y decisiones durante este momento decisivo en su vida influirán en el resultado. Luego puede seguir adelante.

Notas

1. Stephen Gullo, Ph.D., y Connie Church, *Love Shock: How to Recover from a Broken Heart and Live*

Again [Impacto amoroso: Cómo recuperarse de un corazón quebrantado y vivir de nuevo] (Nueva York: Bantam Books, 1988), pp. 63-75, adaptado.

2. Dr. Zev Wanderer y Tracy Cobot, Ph.D., *Letting Go* [Dejando ir] (Dell Books, 1978), pp. 11-12, adaptado.

3. Gullo y Church, *Love Shock: How to Recover from a Broken Heart and Live Again* [Impacto amoroso: Cómo recuperarse de un corazón quebrantado y vivir de nuevo], p. 26, adaptado.

4. "Good-bye to Love" [Adiós al amor] por John Bettis, música de Richard Carpenter. Derechos reservados 1972 por ALMO Music Corp., Hammer and Nails Music.

5. Anita Brock, *Divorce Recovery* [Recuperarse del divorcio] (Fort Worth, TX: Worthy Publishing, 1988), p. 20, adaptado.

6. *Ibíd.*, pp. 19-23, adaptado.

7. Dr. Susan Forward, *Obsessive Love* [Amor obsesivo] (Nueva York: Bantam Books, 1991), pp. 48, 76, adaptado.

8. Dr. Zev Wanderer y Tracy Cabot, *Letting Go* [Dejando ir] (Nueva York: Ell Publishing, 1978), pp. 27-28, adaptado.

9. Wanderer y Cabot, *Letting Go* [Dejando ir], pp. 97-100, adaptado.

10. Brock, *Divorce Recovery* [Recuperarse del divorcio], pp. 39-45, adaptado.

11. Gullo y Church, *Love Shock: How to Recover from a Broken Heart and Live Again* [Impacto amoroso: Cómo recuperarse de un corazón quebrantado y vivir de nuevo], pp. 99-109, adaptado.

4

"¿Por qué no estoy casado ahora y qué puedo hacer al respecto?"

*S*i usted es soltero o soltera (y las probabilidades son muy buenas de que lo sea si está leyendo este libro), ¿por qué lo es? Si quiere estar casado, ¿por qué no lo está? ¿Cuáles son los motivos? No me refiero a las primeras razones obvias que surgen en su mente, sino a los motivos reales profundos que están en el núcleo de su situación en la vida en el presente.

Motivos para estar soltero

Admito que me gusta hacer listas. Parte del motivo es que pensamos y evaluamos mejor cuando podemos ver nuestras razones en lugar de solo pensar en ellas. Usted puede sorprenderse por lo que escribe, especialmente si este proceso le toma varios días. Tómese un tiempo y reflexione sobre sus propias razones antes de considerar algunas de las que he oído con el transcurso de los años:

1. Todavía no he encontrado al Sr. Correcto o a la Sra. Correcta.
2. Disfruto de estar solo.
3. No tengo tiempo suficiente para entregar a una relación. ¿Cuándo la tendría?
4. Podría vivir sin algunas de esas "características únicas" del sexo opuesto.
5. No he conocido a la persona que satisfaga los criterios de mi lista.
6. Creo que está bien ser soltero (pienso).
7. He sido soltero durante 40 años. No sé si puedo o quiero adaptarme. Tal vez la otra persona tampoco podrá hacerlo.
8. Todavía estoy atravesando la reconstrucción de los daños de mi última relación.
9. Simplemente no me gusta salir con personas del otro sexo. La mayoría de los lugares son mercados de carne.
10. No estoy seguro si estoy listo aún. Debo estar preparado.
11. Me gusta mi independencia y veo al matrimonio como algo restrictivo.
12. ¿Y si elijo a un fracasado? Soy buena para eso.
13. Como mujer, tengo miedo de ser dominada por un hombre. Podría perder mi identidad.
14. Me he divorciado dos veces. Soy tímido.
15. ¿Y si los amo pero ellos terminan no amándome a mí?
16. Soy tímido para estas cosas de la intimidad. Tal vez no sea para mí.
17. ¿A dónde voy para hallar una pareja cristiana?
18. No puedo manejar el trabajo y las salidas.

19. ¿Se puede hacer coincidir una vocación y una esposa?
20. ¿Hay alguien que sea cristiano que sea realmente listo?
21. ¿A dónde voy para conocer un ganador? Sé dónde están los perdedores...
22. No hay hombres fuertes allí afuera. Si tengo que actuar como su madre, no valen la pena todo el trabajo. No he encontrado muchos todavía que sean buenos en las tareas domésticas y los que hay son perfeccionistas, inflexibles y me sentiría muy mal tratando de vivir con ellos.
23. La mayoría de las mujeres que he conocido son demasiado dominantes. Sí, parecen aceptarme al principio, pero tienen una mentalidad de escuela reformista y no pueden esperar para comenzar a "mejorarme".

Realidades para los que quieren casarse

Si quiere casarse, hay varias condiciones que deberán ser satisfechas. Son las siguientes:

1. Tendrá que correr riesgos. (Pero así es como uno avanza en la vida. Recuerde a la tortuga. Solo avanza cuando saca afuera la cabeza.)
2. Experimentará dolor. (Pero ya lo ha experimentado antes y sobrevivió, ¿no es cierto?)
3. No puede duplicar su estilo de vida de soltero en una relación matrimonial. (Puede que le guste lo que tiene ahora, pero el casamiento y todos sus beneficios pueden ser mejores. Si piensa que soy un defensor del matrimonio, tiene razón. En mi trabajo como

consejero prematrimonial le digo a la pareja: "No puede traer su estilo de vida de soltero al matrimonio. Vamos a identificar ahora los cambios que deberá hacer". Cada cambio conlleva consigo la potencialidad para el crecimiento.)

4. Puede que su carrera no tenga la misma cantidad de energía, tiempo y atención que le dará como le da ahora. (¿Es eso tan malo? Hay más en la vida que el trabajo y si está construyendo su identidad y autoestima a través de su trabajo, esta es una oportunidad para cambiar.)

5. Deberá volverse vulnerable e íntimo. (No hay nada negativo al respecto. Lo ayudará a cumplir la potencialidad que Dios le ha dado para ser plenamente humano.)

Si valora ser soltero más que ninguna otra cosa, entonces reconsidere el matrimonio. De otro modo, el no cumplir con los criterios antes mencionados podría destruir un matrimonio. La pregunta principal sería: "¿Qué hay en su vida, bueno o malo, que compite con su deseo de estar casado?" ¿Hay algo más importante que estar casado? ¿Cuál podría ser una mayor prioridad? Un hombre cuarentón me dijo: "Sí, quiero casarme, pero primero tengo que sacar a flote este nuevo trabajo. Simplemente no puedo hacer las dos cosas al mismo tiempo y hacerle justicia a las dos cosas. Tengo que comer y pagar mis cuentas, así que supongo que sabrá cuál tendrá que esperar".

Tener motivos para no casarse no es algo negativo. No todos son candidatos al casamiento. ¿Alguna vez ha pensado en un estilo de vida de soltero elegido?

El valor de la soltería

Considere lo que dijo Tim Stafford sobre la soltería:

Puede que Dios quiera que usted sea soltero. Él quiere que todos sean solteros durante al menos una parte de la vida de ellos. Y la Biblia no habla acerca de la soltería como algo de segunda clase. De hecho, habla de ello positivamente. En la Edad Media los cristianos fueron demasiado lejos y el *matrimonio* era considerado como de segunda clase. Parece que nos hemos ido para el otro extremo ahora y necesitamos un equilibrio en el medio. Tanto el matrimonio como la soltería son dones de Dios.

Piense por un minuto: Jesucristo, nuestro Señor, nunca se casó. Nunca tuvo relaciones sexuales. Sin embargo, era perfecto y perfectamente cumplido. Vivió el tipo de vida que queremos imitar. Eso no significa que todos debamos ser solteros: No hay dudas de que el matrimonio es la mejor manera para la mayoría de los hombres y las mujeres. Pero algo es cierto: La soltería no tiene por qué ser algo infeliz.

Pablo tampoco se casó, por lo menos en la cumbre de su carrera. Escribió recomendando la vida soltera en 1 Corintios 7, llamándola un don. (Es extraño que este sea el don que la mayoría quisiera intercambiar.) Y Jesucristo, en Mateo 19:10-12, habla de manera positiva sobre los motivos por los cuales algunas personas permanecen sin casarse.

Entonces, una de las cosas más tristes que veo, es la tendencia de los solteros a vivir la vida como si esperaran que algo o alguien les ocurra. Actúan como si estuvieran en el limbo, esperando ser capaces de vivir cuando llegue el día mágico en el altar. Por supuesto, por lo general se desilusionan. En algunos casos se vuelven especimenes tan pobres de la humanidad que nadie quiere casarse con ellos. Con mayor frecuencia se casan solo para descubrir que no han recibido la llave de la vida: La iniciativa y el carácter que debían haber desarrollado antes de casarse es exactamente lo que necesitan en el matrimonio. Y aún se sienten solos y frustrados.

Nuestra cultura, especialmente nuestra cultura cristiana, ha enfatizado repetidas veces que un buen matrimonio requiere trabajo. Admira a los que han formado "un buen matrimonio". Pero pocas veces he oído a alguien enfatizar el hecho de que una buena vida de soltería también exige trabajo. Nunca escuché a alguien felicitar a una persona por haber creado un buen estilo de vida de soltero. Esto crea una atmósfera en la que decirle a los solteros que han recibido un don es como convencer a un niño pequeño que el hígado sabe bien, porque "es bueno para ti".

La soltería, como la veo yo, no es tanto una condición a la que hemos arribado como una puerta abierta, un conjunto de oportunidades para que nosotros las aprovechemos.[1]

Charles Cerling sugiere los siguientes pensamientos para determinar si la soltería es para usted:

1. Reconocer que la soltería puede ser para un período (por ejemplo, hasta cumplir los 30 años) y no para toda su vida.

2. Reconocer que es más fácil decidir que la soltería no es para usted y casarse que darse cuenta de que debía haber permanecido soltero una vez que se ha casado.

3. ¿Es capaz de vivir con la idea de que podría permanecer soltero toda su vida?

4. ¿Es su deseo servir a Dios complicado por el pensamiento de un cónyuge?

5. ¿Es capaz de pasarla bien sin sentir la necesidad de tener muchas citas?

6. ¿Podría actuar las condiciones de un voto ante Dios de permanecer soltero durante un período (digamos, un año, cinco años, etcétera), sin salir en serio con personas del otro sexo?

8. ¿Considera que Dios lo está llamando para una forma de servicio que podría ser difícil si estuviera casado (por ejemplo, trabajar en el interior de la ciudad, trabajar en proyectos de misión primitiva)?

9. ¿Está dispuesto a vivir con el estigma de ser soltero si eso es lo que Dios quiere? Si piensa que la soltería es para usted, inténtelo durante un período específico. (Pase un año sin salir con personas del otro sexo, dedicando su tiempo de citas normal a servir a Dios.) Si fracasa, no debería haber ningún pensamiento de haber caído fuera del favor de Dios. Este es solo un experimento. Es algo similar a tratar de ir al campo de la misión y descubrir que no puede hacerlo. Aún puede servir a Dios donde quiera que esté. Sin embargo, debería estar tan abierto al llamado de Dios de la vida de soltero como lo está ante cualquier otro llamado que Él pudiera hacerle.[2]

¿Qué piensa de estas sugerencias?

Una mujer inteligente me dio a conocer su experiencia en una carta.

Mi experiencia de salir con hombres ha sido vasta considerando el hecho de que ahora tengo 41 años y todavía no me he casado. No solo es profunda la experiencia, sino que diría que es muy amplia: La variedad de hombres con los que he salido o terminado teniendo experiencias más serias es bastante llamativa cuando pienso en las diversas personalidades.

Todavía después de todo eso, no me he sentido aún motivada por ninguna relación en particular para comprometerme con un hombre por toda mi vida. Posiblemente eso ha sido un asunto de dónde estaba en mi crecimiento personal o tal vez se trató de no haber encontrado todavía al hombre con el que me casaré. Siendo tan romántica será difícil buscar y encontrar que ese matrimonio no estaba en el plan para mí, pero nunca he podido aceptar ese pensamiento como viniendo del Señor así que aún espero encontrar al hombre de mis sueños.

Es importante darse cuenta de la realidad de que el matrimonio no sucederá. Supongo que digo eso porque he visto a tantas amigas mías buscar un hombre y colocar su vida en espera hasta que se casaran, solo para seguir sin casarse o finalmente casarse en una relación que era menos que satisfactoria. Habiendo observado el fenómeno durante muchos años, decidí *vivir* mi vida sin importar quién estaba en ella o no: Amigos, familia, relaciones de citas, carrera, etcétera. Hay tanto en la vida para experimentar que rechazo la idea de perderme todo lo que esa vida ofrece esperando a alguien con quien compartirlo. Pienso que es mejor vivir lo mejor que se pueda esperando siempre a un compañero, pero aprendiendo a tratar con todos los sentimientos y las realidades que están presentes cuando uno está solo. Además, creo que los hombres y las mujeres que de verdad han resuelto algunos de los temas de estar solos y crear una vida que puede ser autónoma de una conexión intensa con otra persona, puede convertir de todos modos a los más felices y más sanos compañeros de matrimonio.

La soltería no es solo un problema cuando uno quiere casarse, sino que uno la resiste y no sabe por qué. Uno termina estando atascado. Si se fuera a casar el año que viene, ¿qué cambios sucederían en su vida? Haga una lista de los beneficios y luego haga otra de los aspectos negativos.

A favor y en contra del matrimonio

Positivo   Negativo

Ahora vuelva nuevamente a su lista. ¿Cómo podría parafrasear cada aspecto negativo para que se torne positivo? Piénselo. Muchos solteros con los que hablo quieren casarse. No hay cuestión al respecto. El tema es cómo encontrar la persona adecuada. Eso es lo que debemos considerar a continuación.

¿Es la lavandería el único lugar dónde conocer personas? Uno de los maestros que influyó más sobre mí como terapeuta era un psiquiatra llamado William Glasser. Un concepto que machacó sobre nosotros fue: "Tienen que tener un plan para lo que quieren obtener de la vida". Sin embargo, hacer planes es más fácil para algunos que para otros. Algunas personas que estén leyendo este libro tendrán una personalidad que ve un plan como un equipaje innecesario. Se interpone a sus espíritus libres. Pero tener un plan maestro para saber dónde y cómo conocer a otros solteros es importante.

Incluso con un plan en mente, los horarios son una gran parte de descubrir a la otra persona. Conocer a la persona correcta y casarse está atado a los horarios más de lo que usted se da cuenta. Tal vez ya lo haya experimentado. Una noche pudo haber conocido al tipo de persona que estaba buscando. ¡Pero mire cómo son las cosas! Lo conoció en una función en la que usted estaba en su primera cita con una persona posesiva que a usted no podía importarle menos y alejó la otra "posibilidad". O hacía tres meses que estaba en una relación y estaba a punto de comenzar a tener cercanía. O tal vez esta persona especial ya está saliendo o comprometido con su mejor amigo. Estas situaciones sucederán.

Cuatro posibilidades de relación

Sus relaciones probablemente van a ser una de estas cuatro posibilidades: La persona correcta en el momento incorrecto;

la persona incorrecta en el momento correcto; la persona incorrecta en el momento incorrecto y finalmente (y con suerte), la persona correcta en el momento correcto.[3]

La persona correcta pero el momento incorrecto lo deja pensando: "Si solo lo hubiera conocido en otra instancia". Tal vez conoció a esa persona cuando era demasiado joven, estaba demasiado destrozado o demasiado asustado. Termina con un montón de "y si..." y esta persona ideal permanece ante su mente durante meses.

La persona incorrecta en el momento correcto puede derivar en resultados desastrosos. Esto puede ser muy doloroso para usted si tiene esperanzas muy románticas y ellos no tienen ninguna. Puede intentarlo más arduamente esta vez para hacer que la relación funcione. ¡A veces termina preguntándose qué hay de malo en usted! El verdadero problema se da porque el deseo de establecerse y casarse es tan fuerte que suele ser menos objetivo en su evaluación de la otra persona. El deseo de casarse toma precedencia sobre evaluar correctamente a la persona. La frase: "Solo quiero casarme" se dice con tanta intensidad y fuerza que es evidente que el aparato de clasificación se ha puesto en neutro.

He oído decir a muchas mujeres: "No me estoy volviendo más joven. La ventana de la oportunidad para tener hijos se está cerrando lentamente y debo casarme en los próximos dos años y tener un hijo". Esta necesidad puede volverse tan intensa que puede llevarla a enamorarse del primer interés romántico que aparece. Varios hombres y mujeres que he visto cuando estaban en medio de un divorcio dijeron virtualmente lo mismo: "¿Qué se poseyó de mí para que me casara con esta persona? Él o ella no era realmente la persona que estaba buscando. Mi cabeza debía haber estado en las nubes. Supongo que quería tanto casarme que tomé al primero que estaba disponible".

Para muchos solteros, su vida parece ser un patrón continuo de la persona equivocada en el momento equivocado. Es especialmente difícil cuando hay una fuerte atracción hacia la persona, pero usted sabe que esa persona no es para usted. Afortunadamente, la mayoría de estas relaciones tienen corta vida a no ser que la persona se agarre fuerte porque "cualquier relación es mejor que ninguna". Sin embargo, a veces, he visto relaciones que duran años en las que una o ambas personas siguen intentando hacerla encajar o creen: "Tal vez algún día los amaré de verdad". En ocasiones las relaciones se desarrollan en amistades platónicas duraderas que por lo menos llenan esa necesidad para la pareja.

Naturalmente, usted quiere a la persona correcta en el momento correcto. Y esto es posible.

Evaluación propia

Antes de zambullirnos en los planes y procedimientos para encontrar a la persona correcta, hay otro factor a tener en cuenta. Digamos que conoce a un candidato posible. ¿Qué tiene para ofrecer a fin de atraer a la otra persona? ¿Cuáles son sus virtudes, sus atributos, sus pros, sus contras? A veces estamos más atrapados en *encontrar* a la persona correcta que en *convertirnos* en ella. Quizá sería beneficioso escribir un párrafo describiendo su valor de relación matrimonial (VRM). Eso le dará una mejor base para realizar su selección. Usted tal vez se pregunte: ¿Qué digo de mí mismo? Describa quién es usted, especialmente indicando sus virtudes, intereses, características de personalidad, incluyendo tanto lo positivo como lo negativo.

Diciéndolo de otro modo, cuando uno hace un pedido para el tipo de persona que quiere, ¿tiene posibilidades de que se cumpla? Lo que quiero decir es: ¿Es usted personalmente el tipo de persona que atrae al tipo de persona que desea? Si usted es negativo y crítico, ¿cuáles son las posibilidades de que atraiga a una persona positiva y sana? Si es positivo y seguro, es más probable que atraiga a alguien así. Entonces cultive en usted lo que quiere en una pareja.

Tal vez estas frases que he recogido de algunos solteros que estaban en la búsqueda lo ayuden a agregar algunos hechos adicionales.

"Quiero a alguien que sea económicamente sólido, que no tenga un montón de facturas sin pagar y que gane entre 75.000 y 100.000 dólares por año". ¿Su deseo se basa en su condición de vida o necesita a alguien de este tipo para salir de endeudamientos? ¿La otra persona estaría segura con su condición económica?

"Quiero a alguien que haya terminado la universidad y esté subiendo la escalera vocacional. Me gustaría que su trabajo tuviera importancia en la sociedad y que hiciera un aporte a la vida de los demás". Mi pregunta sería: ¿Qué hay en su vida que atraiga a tal persona a usted? ¿Tiene la esperanza de vivir de esa persona y sus logros, o puede emparejar lo que está pidiendo en esta relación? ¿La relación será igualitaria o parcial?

"Quiero una mujer que sea realmente atractiva. No es todo lo que quiero, pero necesito tener a alguien a quien disfrute mirar. Ella no tiene que ser un "10", pero un "9 y medio" "serviría". Es importante que disfrutemos de la visión de la otra persona, pero, ¿la otra persona también disfrutaría de verlo a usted del mismo modo? ¿Es capaz de dar lo que espera que su pareja aporte?

Y antes de que vuelva a su tarea de escribir el párrafo sobre sí mismo, hay otro factor a tener en cuenta. Estará buscando y se sentirá atraído por una persona que tiene determinadas características y cualidades. Digamos que se casa con una persona que es económicamente estable, que tiene una ocupación de alto aporte o que es sumamente atractiva. ¿Qué sucederá con su compromiso matrimonial cinco años después de que su cónyuge pierda su trabajo y esté desempleado durante dos años? ¿O si ya no tiene una vocación llena de estatus o que contribuya a la sociedad? ¿O si aumenta 20 kilos o experimenta quemaduras que desfiguren el cuarenta por ciento de su cuerpo? Esto ha sucedido. Nunca pensará que le sucederá a usted, solo a las demás personas. Es algo en qué pensar.

Puede que piense que este párrafo personal sea una tarea. ¿Realmente las personas hacen esto? Sí, lo hacen todo el tiempo, ya sea para ellas mismas o cuando se involucran en algún tipo de servicio de búsqueda de solteros. Estos son algunos ejemplos tomados de un periódico cristiano de citas en California:

PARECIDO A UN ACTOR, buen mozo, 1,80 metros, 85 kilos, 40 años, nunca casado. Disfruta de los deportes, del teatro. Dueño de su casa. Emocionalmente disponible. Buen comunicador. Buscando mujer positiva, de disposición relajada con buen corazón, emocionalmente disponible, sin impedimentos, agradable y graciosa. Preferentemente nunca casada, entre 1,65 y 1,70 metros, 23 a 33 años. En buen estado físico, emocional y financiero.

ROMÁNTICO, EXITOSO, BIEN PARECIDO profesional graduado, 1,80 metros, 75 kilos, cuarentón, musculoso, en buen estado, sensible, juguetón. Le gusta el estudio bíblico, los conciertos, las caminatas, tus hijos, aprender. Buscando feliz, brillante, compañera, delgada, en buena forma, segura, cariñosa, confiada, entre 30 y 40 años, foto de cuerpo entero por favor.

VEN A ENCONTRARME, mujer blanca soltera, 34, cariñosa y divertida (con buen cuerpo), con la mente puesta en la carrera y confiada en sí misma. Disfruta del baile, la música, los deportes activos, de la familia, de cantar, de ir a la iglesia y de la diversión en el hogar. Buscando caballero dinámico, seguro de sí mismo y culto para amar. Mi hombre: Brillante, ambicioso, juguetón, espontáneo, que le guste la risa, que disfrute de las personas, que quiera casarse y formar una familia. No fumador, no drogas.

ESCULTURAL, ATRACTIVA, AFECTUOSA dama graduada universitaria, 58, 1,70 metros. Busca amigo cristiano comprometido para disfrutar del teatro, la música, los viajes, los barcos, nadar, caminar, cenar. Por favor que sea alto, solvente, educado, sensible, cariñoso, conciente de la salud, que no fume, nada de drogas, con elevadas metas espirituales.

Tenga presente que estos anuncios se colocaron en el periódico *Christian Datemate Connection* y que cada persona está esperando respuesta. Estoy bastante seguro de que han sido escritos con ese propósito. Para ayudar al proceso de objetividad de crear su propio párrafo, podría dar dos pasos. Uno sería entrevistar a amigos cercanos y parientes que lo conozcan muy bien y preguntarles lo siguiente:

1. ¿Con qué adjetivos me describirías, tanto positivos como negativos?

2. ¿Cuáles son algunos de mis puntos fuertes?
3. ¿Cuáles son algunas de mis debilidades?
4. ¿Qué piensas que tengo para ofrecer a una pareja de matrimonio?
5. ¿Qué piensas que necesito más para hacer funcionar un matrimonio?
6. Describe las cualidades y las características de personalidad de la persona que piensas que es mejor para mí.

"¡Eso es difícil!" Puede protestar. Estoy de acuerdo. Son preguntas arduas. Muchos lectores dirán: "¡Olvídelo!" y seguirán leyendo. Oír la perspectiva de los demás puede hacer surgir dolor y una actitud defensiva. Sin embargo, si le pregunta a otras personas, acepte que les ha pedido su opinión. Tenga presente que es su perspectiva. No es un hecho. Sin embargo, antes de preguntarles, lea los siguientes versículos. Pueden ayudarle. "Pobreza y vergüenza tendrá el que menosprecia el consejo; mas el que guarda la corrección recibirá honra" (Pr. 13:18). "Como zarcillo de oro y joyel de oro fino es el que reprende al sabio que tiene oído dócil" (Pr. 25:12). "El que encubre sus pecados no prosperará; mas el que los confiesa y se aparta alcanzará misericordia" (Pr. 28:13).

La otra posibilidad (menos amenazadora) es escribir su párrafo descriptivo y pedirles a esas mismas personas que lo lean. Pueden comentar sobre el mismo, hacer agregados o sugerir que tache algunas cosas. Cualquiera sea su elección, le podría dar una información significativa.

No solo es importante considerar con quién uno puede terminar, sino colocarse en su lugar y considerar con quién terminarán ellos. Hay dos preguntas difíciles, pero deben ser respondidas. Asegúrese de completar todas las diez respuestas para cada pregunta.

¿Por qué alguien querría casarse conmigo?

1.   6.
2.   7.
3.   8.
4.   9.
5.   10.

¿Por qué una persona no querría casarse conmigo?

1.   6.
2.   7.
3.   8.
4.   9.
5.   10.

Su "pareja perfecta"

Consideremos la "pareja perfecta" que está buscando tomando en cuenta algunas preguntas prácticas y básicas. Con suerte, este proceso lo llevará a una mejor comprensión de lo que quiere y lo que no quiere en una pareja matrimonial.

Alguna información que tal vez quiera saber sobre un candidato posible podría incluir lo siguiente:

— Información vocacional.
— Trabajo actual.
— Trabajos anteriores.
— Educación y capacitación, educación adicional necesaria o deseada.
— ¿Cómo les va en el trabajo? ¿Ascensos? Motivo de terminación de trabajos anteriores. ¿Cómo se sienten

en su trabajo actual? Cantidad de tiempo dedicado a sus trabajos. ¿Tienen intenciones de seguir en esta ocupación?

— ¿A quién más mantienen? Cantidad de deudas. ¿Hacen un balance de su chequera periódicamente?
— ¿Han ganado más dinero del que ganan ahora? ¿Tienen un programa de inversiones?
— Amistades: ¿Muchas o pocas? ¿Prefieren socializar o quedarse en casa?

Permítame sugerir otros temas que deben ser explorados. Tal vez quiera escribir algunas preguntas propias para preguntar:

— Su experiencia cristiana.
— Intereses y pasatiempos.
— Drogas, hábitos de fumar y de beber, actuales y anteriores.
— Relaciones y participación familiar.
— Vida emocional y características de la personalidad.

¿Pudo responder estas preguntas o no? ¿Alguna vez consideró estos factores?

A veces las personas se concentran en los extremos. Saben lo que no quieren, pero no saben qué quieren o saben qué quieren, pero no están seguros de lo que no quieren. Uno necesita ambas cosas.

Me gustaría sugerir una lista de verificación que involucra tres categorías: "Opcional", "Me gustaría que tenga..." y "Debe tener..." A continuación hay una lista parcial para que tenga en cuenta, puede hacerle agregados. Y tenga presente que es mejor hacer esta evaluación antes de buscar que después de casarse.

	"Opcional"	"Me gustaría que tenga..."	"Debe tener...
Educación universitaria			
Cristiano(a)			
Amor a otros			
Disfruta del teatro			
Nunca estuvo casado			
No hijos			
Confiable			
Sociable			
Tranquilo o reservado			
Intercesor(a)			
Le agraden los deportes			
Flexible			
Reflexivo			
Sentido del humor			
Cariñoso			
Quiere tener hijos			
No bebedor			
Dispuesto a viajar			
Disfruta de la caza			
Buen escucha			
Comunicador detallado			
Similar en edad			
Extrovertido			
Le gustan los perros			
Le gustan los gatos			
Empleo estable			
Sin deudas			

Ahora agregue a la lista aquellos asuntos que son grandes prioridades para usted y evalúelos. Luego responda la pregunta: "¿Cómo quiere que sea esta persona en 10, 20, 30 años?"

Algunas personas creen que pueden amar a alguien antes de conocer a la persona. Lo único que ama con esta creencia es una fantasía. El amor duradero se basa en el conocimiento de una persona y no en suposiciones y sueños. Lleva tiempo y miles horas de conversaciones profundas, reveladoras.

Las parejas convencionales en realidad derrochan tiempo y prolongan el proceso de conocerse. Cuando pasan tiempo juntos (si su propósito es encontrar un cónyuge), evite el tiempo de mirar la televisión, las películas y los juegos. Interactúen en lugar de entretenerse pasivamente.

Contactos iniciales. Un proceso de clasificación.

Un autor sugiere que se usen los contactos iniciales como proceso de clasificación. Hay tres fases en la clasificación.

1. Su primer paso es determinar si hay algo especial acerca de la persona. ¿Valen más que una conversación de diez minutos? Si no está seguro, ¿vale la pena invertir más tiempo para ver si su impresión inicial es exacta? Si no, no pierda su tiempo.

2. ¿Los valores y las metas de la persona son compatibles con las suyas? Imagínese cómo afectarían sus valores y metas a su persona en diez años. ¿Podría vivir con ellos el resto de su vida? Si no, ¡no pierda el tiempo!

3. El matrimonio es algo social. Su cónyuge no se relaciona solo con usted, sino con los demás. ¿La forma en que esta persona se relaciona con los demás satisface sus normas o expectativas? ¿Lo avergüenza lo que hace?

¿Tiene que explicar su conducta o excusarlo frente a otros? De ser así, ¿quiere una vida así?[4]

Alguno podría decir: "¿Dónde encaja Dios y la dirección de su Espíritu en esto? ¿No es esto tomar la opción de sus manos? ¿Y qué hay de su voluntad para mi vida?" ¿Alguna vez ha considerado que dar estos pasos le permitirían conocer mejor su voluntad? Esa es una buena posibilidad.

Tal vez encuentre otra persona que le diga: "Sé realista. Si vas a encontrar a alguien con quien casarte, mejor que te adaptes a esas normas. El hombre o la mujer que quieres existe solo en un lugar: *¡Tu mente!*" Es cierto que hay que ser realista, pero nuestra sociedad está llena de los que no se casaron con la persona que querían; simplemente se asentaron. El problema está más en no aclarar lo que quiere de antemano, en buscar, en encontrar, en construir una relación sólida y en experimentar los rigores del consejo matrimonial.

Una vez que identifique estos asuntos que debe tener, no se permita dudar o pensar: "Esto no es importante". Solo recuerde que fue y probablemente siga siendo importante. Un hombre en sus treinta y tantos años expresó un discernimiento interesante:

> Norm, hice mi lista de lo que quería, pero entonces un día conocí a esta mujer que no tenía ninguna de las seis cualidades que yo consideraba que "debía tener". Me enamoré de ella. La atracción fue intensa. Comenzamos a salir y fue genial. Me pregunté por qué pasé por alto esas cualidades.
>
> Seis meses más tarde, la atracción comenzó a reducirse y no quedaba mucho. Entonces vi cómo esas

cualidades nos hubieran mantenido juntos. También me di cuenta de que era un caso de haber conocido a la persona incorrecta en el momento correcto.

Salimos alrededor de dos años y un día conocí a Jean. Nunca adivinará dónde: En la fila de la caja cuando la pisé con mi carrito de compras de supermercado. Valió la pena la espera.

Sea paciente. Espere.
Esto es lo que me dijo un hombre:

Parecería que he estado esperando toda mi vida que Dios me traiga la persona correcta en mi vida para casarme. Había esperado hasta los 33 años y pensaba que el Señor había traído a la persona correcta a mi vida para casarme. Habíamos salido durante casi un año y nos habíamos vuelto grandes amigos. Pero cuando miro ahora en retrospección, puedo ver que fui muy poco profundo en mis observaciones y preguntas que tenía en las citas en general. Pensaba que si la otra persona decía que era una cristiana nacida de nuevo, entonces eso era lo que quería decir. En verdad no pensé que tenía que mirar o excavar más profundamente o cuestionar cuáles eran en realidad sus creencias.

Mientras salíamos, continúe viendo banderas rojas. Sin embargo, no las relacioné con banderas rojas hasta que recordé los momentos después del divorcio y me pregunté cómo pude haber dejado pasar por alto tantas. También me di cuenta de que algunas de ellas estaban tan ocultas dentro de ella que no llegaron a la superficie hasta después del divorcio.

Ya han pasado siete años del divorcio. Al recordar y ver cómo cambiaron mis ideales y mis expectativas, le estoy tan agradecido al Señor por no haber conocido a nadie o por no haberme enamorado durante los primeros años. Puedo ver que aunque creía que estaba preparado, no estaba siquiera cerca de estar preparado para volver a casarme.

Debo admitir que me he sentido solo en algunos momentos y que sería maravilloso tener a esa persona especial para compartir cosas, pero me alegro de no haberme casado o asentado por menos de lo que realmente quiero y estoy buscando.

Mis amigos me decían que orara y que el Señor proveería, pero no creo que siempre sea tan fácil. Creo totalmente en el poder de la oración y a veces las personas sí conocen a sus cónyuges en el supermercado o en la escuela dominical. Pero si uno no la encuentra allí, sí, hay que orar, pero uno debe salir y no dejar piedras sin dar vuelta si lo que uno busca es una pareja. Es como buscar la dirección del Señor para encontrar un empleo. Uno no dice una oración y se sienta al lado del teléfono esperando que suene. Tiene que salir a golpear puertas y buscar empleo genuinamente. Al mismo tiempo uno debe saber qué tipo de trabajo está buscando. Y al buscar la pareja correcta uno debe saber de antemano, hasta cierto grado, qué está buscando, sus expectativas y cuáles son las cosas negociables y cuáles no en una pareja y en una relación.

En mi caso, al no dejar piedra sin darle vuelta, he asistido a grupos cristianos de solteros, a fiestas para cristianos solteros, he tendido redes con amigos y con algunos de sus amigos, tuve una agradable casamentera cristiana que me buscó personas y he intentado los anuncios en periódicos cristianos. He descubierto que todas esas cosas tienen mérito y he conocido a muchas damas maravillosas. Sin embargo, también conocí a muchas mujeres extrañas, así que uno debe usar el discernimiento y no avergonzarse por preguntar.

He visto numerosas parejas que han experimentado el "síndrome de los tres a los seis meses". Tuvieron una atracción instantánea y fue intenso, casi abrumador. Simplemente engancharon. A veces dicen: "Fue como si conociera a esta persona de toda mi vida... ¡y nos acabamos de conocer!" La relación crece rápidamente y se enamoran. Ocasionalmente se toca el tema del casamiento y forma parte de su conversación de vez en cuando. Pero cuanto más siguen saliendo... algo sucede. Tal vez uno no está tan ansioso como el otro o uno se repliega un poco o no tiene el mismo fervor. El ambiente romántico parece desvanecerse. Comienzan a luchar con algunos asuntos que han surgido y ahora tienen que trabajar en la relación por primera vez. En lugar de estar totalmente impresionados con su pareja, comienzan a estudiarlos y a valorarlos. Mi respuesta a esto es: "¡Maravilloso! Eso es positivo. Ahora tienen la oportunidad de ver a la otra persona como realmente es. Ahora la relación tiene una oportunidad para crecer".

Es posible tener normas que sean demasiado altas. Dé a conocer su lista o visión de con quién quiere casarse a amigos en los que confía, al hacerlo, pone estas expectativas en línea.

La teoría del intercambio social

Consideremos su lista de una forma nueva, puesto que la persona que ha descrito como con quien quiere casarse tiene un mensaje para usted. ¿Es esta persona su igual o lo opuesto? ¿Se siente atraído a los que tienen una posición financiera segura, son educados o atractivos como usted? ¿Están a su nivel? ¿O suele tener citas con personas que están más "arriba" o más "abajo"? No significa que sean idénticos, pero habrá algunas negociaciones. Una relación suele sostenerse cuando cada persona siente que está recibiendo algo de la otra persona y tal vez más de lo que recibiría en otra relación. Si no está obteniendo tanto de una relación, puede dejarla si no hay nadie más disponible.

Probablemente haya oído la frase: "Él es un buen candidato" o "Ella es una buena candidata". Uno de mis mejores amigos y entusiasta de la pesca tiene su propia variación sobre esta frase. Él dice cuando comienza una nueva relación (usando lenguaje de pesca): "Me quedaré con ella". Esto es lo que la mayoría de las personas están buscando. Las personas con las que usted más probablemente tenga citas son las que tienen deseos románticos iguales a los suyos.

No quiero ser teórico con usted, pero he estado hablando sobre la teoría de intercambio social. Esta teoría plantea que incluso enamorarse no es un suceso que ocurre porque sí, sino un proceso más deliberado. La teoría es que antes de permitirse involucrarse con otra persona, conciente o inconscientemente trata de discernir si esa persona es su equivalente romántico. La mayoría de los hombres y de las mujeres usan su percepción de su propio nivel de deseo romántico para resolver la adecuación de esa otra persona.

Pero hay más. Reflexione sobre sus relaciones anteriores. ¿Eran las personas distintivamente diferentes en sus características físicas? ¿Hubo una amplia variedad en la forma en que lucían o había más similitudes que falta de similitudes? ¿Se ha sentido atraído hacia los que suelen parecerse o a los que no son similares? Muchas personas, después de reflexionar, han descubierto un tema común de características físicas similares en sus parejas. Muchos tienen una imagen en la mente de cómo tiene que ser su futuro cónyuge. Tal vez usted la tenga y esto ha estado funcionando como un radar clasificando posibles parejas. Si lo ha hecho anteriormente y recién ahora se está dando cuenta de ello, ¿es esto lo que realmente quiere? ¿Las apariencias son tan elevadas en su lista de criterios que lo limita de encontrar personas con otras características que son más importantes para usted? Por eso es tan vital que escriba el párrafo descriptivo sobre usted mismo.

Sé que algunos de los que están leyendo esto dirán: "Eso es demasiado científico, demasiado calculador, demasiado lógico. ¡Las cosas no son así!" La mayoría de las personas no se enamoran por casualidad. Hay algo más que pega en el ojo; solo que no es tan evidente. Muchos de los asuntos de la lista de "Debe tener..." son las variables que afectarán la selección de la pareja. Puede sonar poco romántico, pero hay mucho más involucrado en el romance y en encontrar a esa persona correcta de lo que nos damos cuenta.[5]

¿Con quién ha salido en el pasado? ¿Cómo eran? ¿Cómo coinciden con lo que está buscando ahora? Enumere los nombres de las últimas cinco personas con las que tuvo una relación y luego describa a cada persona sobre la base de lo que hemos abarcado hasta ahora en este capítulo.

Nombre:
_____

¿Similitudes?

¿Disparidades?

"Debe tener..." que tuvieron

Ahora, piense en algunas de sus relaciones más placenteras. ¿La persona era más similar a usted o más dispar? Piénselo. Aunque usted tenga su lista de cualidades y le gusten ciertas características físicas, las relaciones románticas más agradables y productivas suelen darse con quienes tienen *creencias, actitudes* y especialmente *valores* similares. Cuando sale con alguien y piensa que ha encontrado estos tres aspectos, asegúrese de investigar para ver desde cuándo las mantienen. Estas cualidades pueden ser una adquisición reciente y rápida para impresionarlo, pero no tienen raíces.

¿Cómo ha reaccionado ante personas que ha conocido socialmente o en el trabajo que no tienen las mismas creencias, actitudes y valores y no son una posibilidad romántica? ¿Quería estar cerca de ellas? ¿Quería invertir tiempo en ellas? ¿Se sentía cómodo con ellas? La mayoría de nosotros no y, si se da el caso, ¿por qué alguien pensaría que podría pasar el resto de su vida con una persona como esa? La incompatibilidad en el área de las creencias, las actitudes y los valores con frecuencia son fatales en un matrimonio. Si está en constante desacuerdo con su pareja, no es muy divertido. Si su pareja tiene sus creencias y valores, lo atrae más cerca en lugar de repelerlo.

Cuando una persona finalmente se casa, ¿elige a la persona opuesta a él o a ella? Durante años la frase "los opuestos se atraen" ha sido utilizada para explicar parte del proceso de atracción. Y sin embargo, los resultados de cientos de estudios sobre parejas casadas indican que, casi sin excepción, en las características físicas, sociales y psicológicas las parejas son más parecidas que diferentes. Las excepciones o aquellas que parecen ser excepciones, no alteran esta tendencia general.

Características complementarias y contradictorias

Dentro del marco de que el igual se casa con el igual, sin embargo, algunas características parecen ser bastante opuestas en cada cónyuge. Puesto que la satisfacción de las necesidades está en el centro de tal selección de pareja, uno descubrirá que algunas necesidades en las parejas son complementarias mientras que algunas son contradictorias.

Es en el área de las características y las necesidades complementarias que se ve que el concepto de "los opuestos se atraen" es algo preciso. Las necesidades complementarias más importantes involucran la dominación y la sumisión. Si una persona tiene la necesidad de dominar, tenderá a casarse y ser gratificado por una persona que necesita ser sumisa. Si un hombre se casa con una mujer que tiene la necesidad de ser dominante y él es sumiso, puede que haya algún conflicto en las expectativas sociales de la sociedad de que el hombre sea dominante y la mujer, sumisa. A pesar de las presiones sociales, muchas parejas pueden elegir ir en contra de la expectativa. Si uno tiene una necesidad de nutrir a los demás, como dar consuelo, amor, protección e indulgencia, será feliz con una pareja que tiene la necesidad de sentirse nutrida. (Afortunadamente, la mayoría de las personas son capaces de ambas cosas. Eso es más sano.) Una persona que necesita admirar y alabar a los demás gozará de estar casada con una persona que necesita recibir respeto y admiración. Si las necesidades de un cónyuge cambian con los años, la relación puede verse interrumpida. Las necesidades complementarias ayudan a determinar cómo dos personas se tratan una a la otra.

Es importante tener en cuenta la diferencia entre complemento y contradicción. Lamentablemente, algunas parejas rotulan cualquier diferencia entre ellos como complementaria. Las necesidades complementarias encajan tan bien que no se requiere ceder. Sin embargo, las necesidades contradictorias requieren que uno ceda en terreno neutral, pero no generalmente en un medio feliz. Por ejemplo, si uno es extremadamente ahorrativo y el otro un derrochador, las necesidades chocarán de plano. Si uno disfruta de los contactos sociales y el otro es un recluso, el conflicto es casi inevitable.

En nuestra cultura estadounidense, las personas eligen una pareja de la que esperan gratificación. Es interesante advertir que tanto las parejas comprometidas como las casadas ven cosas en el otro que no se pueden hallar por medio de pruebas. Lo que una persona ve en la otra es lo que le agrada. "¿Qué pudo haberlo atraído a esa muchacha?", preguntamos, porque no podemos ver en ella las cosas que él ve. La elección de cada miembro de la pareja entre sí se basa en un conjunto de relaciones agradables para ella, que se atribuyen uno al otro. ¿Ha experimentado esto alguna vez en sus relaciones?

Cuando las personas tienen citas y se sienten atraídas una a la otra, las necesidades básicas se ven satisfechas. Gran parte de la relación de una pareja se basa en satisfacer esas necesidades. Esto significa que hay literalmente miles de personas del sexo opuesto que podrían satisfacer esas necesidades si la persona tiene cualidades de condición adecuadas. Ser estimado por el ojo de otra persona confirma nuestra valoración ante nuestros propios ojos. La necesidad de enamorarse y de hacer que otra persona se enamore de nosotros no requiere a una persona en particular. El primer paso es satisfacer esas necesidades básicas. Luego los detalles de "mezclas de personalidad" pueden cumplirse imaginativamente. Esta mezcla de personalidad probablemente determine el futuro de la relación establecida por una pareja.

Las parejas que se casan por motivos sanos y las que se casan por razones no sanas tienen básicamente las mismas fuerzas motivadoras que las empujan hacia el matrimonio, pero su intensidad varía.

La mayoría de los individuos se atraen unos a otros por necesidad de dependencia. Todos tenemos esas necesidades, independientemente de lo sanos que seamos. La dependencia sana necesita reflejar un deseo de experimentar completarse. En las necesidades de dependencia no sana está el mismo deseo y el de la posesión.

La autoestima y su potencialidad para mejorar empujan a las personas hacia el matrimonio. Todos quieren recibir afirmación de su valoración y valor de parte de otra persona. Algunos tienen la necesidad excesiva de que sus cónyuges los hagan sentir valiosos, buenos, atractivos, deseados y demás. Gradualmente, la necesidad excesiva puede generar una tensión en la relación.

Sin embargo, el deseo normal de afirmación también es una fuerza atractiva y de mantenimiento para el matrimonio. El deseo de una autoestima y una dependencia incrementadas necesita construir el compromiso que se ha denominado el pegamento del matrimonio. Ese pegamento está en proceso de asentarse cuando una pareja llega a la instrucción prematrimonial.

Dos terapeutas que se han especializado en la preparación prematrimonial expresan lo siguiente:

> Nuestra suposición de que el matrimonio no es algo accidental ni dicotómico ha sido influida por

nuestra práctica clínica con los cientos de parejas que hemos visto en la consejería matrimonial y en la prematrimonial. Al pensar en estas parejas y en la manera en que se eligen unos a otros, hemos descubierto que las parejas aparentemente estaban realizando una tarea y estaban involucradas en un proceso. Nos ha llamado la atención que muchas parejas se involucraron en la tarea de encontrar alguna forma de iniciar el crecimiento. El crecimiento podría darse en muchas áreas. Tal vez fue en volverse más extrovertidos, más confiados en sí mismos, más íntimos o alguna otra dimensión de su personalidad que creyeron que necesitaba expansión. Por lo tanto, la pareja que eligen, de los millones de individuos disponibles era exactamente la misma persona que podría brindarle el tipo de crecimiento que necesitaban. Algunas mujeres, por ejemplo, buscan un hombre en particular que les enseñe a ser rudas, así como algunos hombres buscan una mujer que les enseñe a ser suaves. Casi nos parecería que las parejas se encuentran a sí mismas de algún modo y se eligen sobre la base de su potencialidad para inducir el cambio. Es como si las parejas de una manera extraña estuvieran realizando la tarea de la terapia. Tal vez podríamos decir que el matrimonio es un intento aficionado de la psicoterapia.

Todo esto es una forma de decir que creemos que el matrimonio tiene un propósito y que las parejas se eligen sobre la base de la capacidad de la otra persona de imitar el crecimiento. Creemos que las parejas están involucradas en una tarea de sanidad.

Es como si muchos individuos en el período de las citas y avanzando hacia el matrimonio se encuentren incompletos de algún modo. Su búsqueda de una pareja no es accidental, sino que se basa en alguna forma de dispositivo profundamente intuitivo que implacablemente y con propósito persigue el mismo tipo de persona que les brindará la estimulación para el crecimiento que están buscando.[6]

Definiciones culturales de la pareja ideal

Complicando aún más la selección de su pareja está el factor de la imagen cultural de "pareja ideal", dependiendo de lo que significa el matrimonio en una sociedad en particular. Esto se está aflojando algo, pero aún existe. Si, por ejemplo, el matrimonio es básicamente una división de trabajo y crianza de los niños, la mujer ideal es la que sea lo bastante fuerte físicamente, con hombros anchos y caderas anchas. Las descripciones de las características masculinas y femeninas provistas por una cultura influyen sobre las imagines de la pareja ideal. En una sociedad la mujer ideal es dulce y delicada, en otra es extrovertida y sexualmente provocativa. La cultura lo define; nosotros encajamos en el patrón. ¿Qué espera su iglesia de usted al elegir una pareja para toda la vida? ¿Y sus amigos? ¿Y sus padres? ¡Yo he tenido padres que me llamaron para decirme que la persona con la que su hijo o hija iba a casarse no encajaba en su ideal!

Las definiciones culturales de la pareja ideal pueden influir la selección de la pareja de dos maneras. Debido a que esta definición identifica lo que es deseable en el otro, casi rotula el deseo de cada persona. Cuanto más se aproxima una persona a este ideal cultural, más atractiva resulta para una mayor cantidad de personas. Y si la persona se da cuenta de que se está acercando al ideal, él o ella puede ser más selectivo en su propia elección de la pareja y esperar que se acerque más al ideal.

La segunda forma en la que esta definición cultural de la pareja ideal puede influir la selección de la pareja se llama "idealización de la pareja". Significa que, aunque su elección no cumpla con la norma cultural, usted atribuye esas características a la persona de la que se ha enamorado. Usted racionaliza porque está luchando contra la norma.

La elección de la pareja se complica por esta propensión humana de ilusión. Lamentablemente, cuanto más insegura es una persona, mayor es su necesidad de idealizar a su pareja. Esto es alarmante puesto que la idealización se desvanece en el primer año.

La mayor parte de las personas no piensa en la selección de la pareja de una manera lógica y analítica, sino que nos vemos influidos inconscientemente por estos factores de maneras sutiles. Sin embargo, muchas personas vehementemente negarían estas ideas, protestando que "Es nuestro amor el que nos unió". Sí, el amor más estos factores están presentes.

Si las imágenes culturales influyen la selección de la pareja, ¿qué sucede con las imágenes que tienen sus padres de su futura pareja? Los padres ejercen un control indirecto considerable sobre las asociaciones de sus hijos; esto, a la vez, limita el campo de posibilidades para la selección. Los alumnos universitarios sienten menos esta presión que los que permanecen en el hogar. Los padres ayudan a determinar un grupo aceptable de posibles candidatos de los cuales sus hijos pueden elegir una pareja. Lo que resulta interesante es que un estudio demuestra que cuando los padres de una mujer desaprueban su relación con un joven, más del doble de esas relaciones terminan en ruptura o en un divorcio temprano que cuando ambos padres están de acuerdo. La aprobación de los padres del hombre no parece ser siquiera tan importante.[7]

Cuando uno reflexiona sobre el tipo de persona que está buscando, considere estas tres preguntas:

1. ¿Sus criterios son suyos o de sus padres? ¿Hasta qué alcance los deseos de sus padres se reflejan en la persona que usted está buscando? ¿Y si descubre su influencia, por qué quieren ellos que esté con esa persona? Tal vez deba revisar cuáles son los deseos de sus padres.

2. ¿Son sus criterios restos de una etapa anterior de su vida? Sus necesidades, deseos y prioridades para una pareja serán diferentes a los 20, 30, 40 y 50 años. Asegúrese de pensar lo que está buscando ahora y por qué.

3. ¿Las expectativas de sus amigos o de su iglesia forman una gran parte de su selección de una pareja? Pueden ser sutiles en sus sugerencias, pero pueden estar allí igualmente. Si tiene dones musicales, puede experimentar presión para casarse con alguien que también tenga esos dones o que va al ministerio o que permanecerá en el área de manera de que usted no pierda sus habilidades. ¡Ha sucedido!

Formulemos otra pregunta. ¿Dónde conoció a sus candidatos anteriores? ¿Simplemente se "topó" con ellos o fue en un evento donde era probable que conociera a alguien? ¿Se dio cuenta de con mayor frecuencia la selección de la pareja tiene facetas poco románticas? Por ejemplo, la ubicación física es una limitación muy importante para una relación. Cuanto más lejos vivan uno de otro, más probable es que elijan a alguien que viva más cerca. Conducir una hora o dos cada vez mientras se mantiene un trabajo de tiempo completo, se participa en la iglesia y se tienen compromisos familiares conduce a verse cada vez menos. Con frecuencia los que se conocen en un campamento, una convención o un seminario y comienzan una relación les resulta muy difícil mantenerla desde una distancia por el tiempo y la energía que se necesitan. Hay un límite en cuánto tiempo y dinero puede gastar una persona viajando para ver a alguien cuando hay otras personas que viven más cerca.

En este capítulo se le ha dado mucho para tener en cuenta. Esto es solo el comienzo. Muchos de ustedes dirán: "¿Dónde encuentro a la persona? ¿Dónde busco?" Eso es lo que sigue.

Notas

1. Tim Stafford, *A Love Story* [Una historia de amor] (Grand Rapids, MI: Zondervan, 1977), pp. 91-93.
2. Charles Cerling, "Is Marriage For You?: A High School Curriculum", *Marriage and Family Resource Newsletter* [Carta informativa de recursos para la familia y el matrimonio], vol. 3, no. 6 (junio y julio de 1977).
3. Dr. Larry E. Davis, *Black and Single* [Negro y soltero] (Chicago: Noble Press, 1993), pp. 79-80, adaptado.
4. Margaret Kent, *How to Marry the Man of Your Choice* [Cómo casarte con el hombre que tú eliges] (Nueva York: Warner Books, 1984), p. 66, adaptado.
5. Davis, *Black and Single* [Negro y soltero], pp. 24-27.

6. Robert F. Stahmann y William J. Hiebert, *Premarital Counseling* [Consejería prematrimonial] (Lexington, MA: Lexington Books, 1980), pp. 20-21.

7. J. Richard Udry, *The Social Context of Marriage* [El contexto social del matrimonio], 3a ed. (Nueva York: Lippincott, 1974), p. 157, adaptado.

"¿Dónde los encuentro y qué digo?"

staba en el supermercado que queda a tres cuadras de mi casa. Todas las noches de los jueves compraba los alimentos que necesitaba. Llegué al final de un pasillo y miré hacia la derecha, pero giré hacia la izquierda... y la vi. Ella era bonita, no llamativa, pero bonita. Mientras andaba con mi carrito (di esta visión periférica), miré su mano izquierda y *aleluya,* no tenía anillo. Era alguien que quería conocer. No tenía niños con ella, así que ese era otro punto a favor mío. Me mantuve a unos metros de ella e incluso pensé que si bien había elegido todo lo que estaba en mi lista, seguí mirando como si buscara más artículos. Estaba planificando mi tiempo para llegar a la fila de pago justo detrás de ella y comenzar una conversación.

Se encaminó a la fila de pago y yo hice lo mismo. Una familia con cinco niños ruidosos se dirigió en la misma dirección y pude ver que me podían cortar el paso y ganarme. Tomé el carro de compras y tome un atajo. Demasiado cerca, de hecho. Mi pie golpeó una pila de doscientas latas de frijoles. Comenzaron a caerse lentamente al principio y luego fue una avalancha. Al mismo tiempo que las latas caían, yo cai al suelo también. ¡De plano sobre mi rostro! Y mientras lo hacía, involuntariamente di vuelta el carro de compras y me volví a caer. ¡Adivinó! Él rodó carró por el piso en línea recta hacia la mujer atractiva. Fue un golpe perfecto. ¡Justo en su trasero! Quería conocerla, pero no de ese modo.

Para ese entonces las risas de todas las personas acallaron el sonido de las latas de frijoles. Cuando ella se dio vuelta y miró el carro sin nadie allí, sus ojos miraron el caos para ver quién era el perpetrador y me encontró de cara en el piso contra las latas esparcidas. Sonreí. Ella rió. Nos conocimos. El resto es historia. No recomendaría ese método, pero a mí me funcionó.

Dónde conocer candidatos

¿A dónde va para conocer candidatos? ¿Sucede simplemente como en este caso o usted debe trabajar para que suceda? Algunos piensan que encontrarán a la persona correcta por casualidad. Otros dicen que usted necesita ser agresivo al buscar una pareja. Tenga presente que cuantas más personas del tipo en que está interesado conozca, mayores son las posibilidades. Es mejor buscar abundancia.

Oí la historia de una maestra de secundaria que había cumplido 40 años. De pronto se dio cuenta de que quería casarse. Pero al ser una maestra, no contaba con el tiempo ni la energía durante el año escolar para buscar, así que se convirtió en un proyecto de verano. Usó los anuncios personales en revistas para solteros y fue a numerosos eventos y actividades que disfrutaba. Hizo esto durante dos veranos y durante ese período entrevistó a 68 hombres. Se casó con el número sesenta y ocho.[1]

Trabajar en este proyecto es una posibilidad mucho mayor que esperar a esa persona predestinada que va a venir algún día de la nada y que caerá al lado suyo. Y para muchos de estos ejemplos que "simplemente suceden", cuando recuerda descubre que por lo general fue alguna orquestación de tiempo, lugar y acontecimientos que sucedieron. Es cierto que necesita orar. Busque la voluntad de Dios para su vida, ya sea casarse o permanecer soltero y luego pida la dirección del Señor. Pero no se siente en su casa para que alguien golpee su puerta. Es una combinación de oración, espera y búsqueda.

He hablado con varias personas que crecieron en pueblos pequeños. Dijeron que no querían mudarse de pueblo, pero que puesto que no encontraban a nadie en la universidad, pensaban que era mejor vivir en una gran ciudad por un tiempo para comenzar su búsqueda de esposo o esposa. Simplemente no había muchos candidatos atractivos para ellos en un pueblo de 4.000 personas.

Esto puede sonar simplista, pero lo debe saber y verá por qué más adelante. Si está interesado en el matrimonio e interesado en una persona en especial, ¿ese candidato está disponible? Puede estar interesado, atraído, enamorado hasta el cuello, pero si no están disponibles, sus esfuerzos no tendrán recompensa. Hay algunas personas que están disponibles y otras que no lo están.

Disponibilidad: Psicológica y situacional

Hay dos tipos de disponibilidad: Psicológica y situacional. La disponibilidad psicológica incluye haberse recuperado y crecido de relaciones anteriores, haberse separado emocionalmente de los padres de una manera sana, tener la capacidad de comprometerse con otra persona y no tenerle miedo al matrimonio.

La disponibilidad situacional incluye varios factores. Si la persona en quien usted está interesado está viviendo con un amante, no solo no es una buena elección emocional y espiritual para usted, el hecho de que no hayan elegido el matrimonio es otra señal de advertencia. ¿Por qué no se casaron? ¿Y qué sucede con su relación con el Señor? Si han llegado a un arreglo de "convivencia", deben estar allí las mismas preocupaciones de su parte. Esta persona no es ahora una buena candidata. Deles unos dos años para crecer espiritual y emocionalmente.

Si está interesado en alguien que está separado, no está disponible. Sigue casado a los ojos del estado y de Dios, aunque la separación lleve cinco semanas o cinco años. Aparte de eso, lo que una persona atraviesa emocionalmente durante la ruptura de un matrimonio significa que no está lista todavía para una nueva relación, aunque esté desesperada por ello.

Una persona divorciada es una posibilidad según cuánto tiempo haya pasado, la condición económica, el resentimiento, la preparación emocional, etcétera.

Hay otra categoría a tener en cuenta: Los que están casados... con su trabajo o con su familia de origen. Hay muchos otros que están disponibles. Usted puede hallarlos, pero tenga estas consideraciones presentes.[2]

Dónde buscar

¿Por dónde empieza una persona? Mire a su alrededor. ¿Dónde vive? ¿En un complejo de apartamentos? De ser así, ¿qué tipo de reuniones tienen? Si tienen algunas, ¿son del tipo con las que usted se siente cómodo o son demasiado salvajes? ¿Por qué no crear las suyas propias? He visto grupos iniciados en compañías y apartamentos para estudios bíblicos para solteros cristianos así como también eventos sociales. Si puede encontrar dos o tres, todos pueden trabajar en enviar la información.

En un radio de un kilómetro y medio de su hogar, ¿cuáles son los negocios, las tiendas y las posibilidades de entretenimiento? ¿Alguna vez camina o corre en su vecindario por la acera o por las instalaciones de la escuela? *Recuerde un factor clave:* Colóquese en un lugar donde sea más probable encontrar la persona que encaje en su lista más deseada. Volveremos a este punto una y otra vez. ¿Los lugares sugeridos aquí satisfacen este factor? Esa es su decisión.

A veces contar con alguna asistencia le ayudará a conocer a otras personas, ya sea caminar por un área residencial, en una tienda al aire libre, por la playa o en cualquier lugar cerca de usted donde haya personas. ¿De qué estoy hablando? Hace años teníamos un perro labrador. Ha caminado conmigo por todos lados, incluyendo todo lugar mencionado más arriba. Debido a la atractiva apariencia y personalidad extrovertida de *Sheffield* (mi perro), mi esposa y yo conocimos a docenas de personas que quizá nunca hubiéramos conocido de otra forma. Nuestro perro actúa como un imán y atrae personas de todas las edades. Luego se convierte en el punto de contacto y de amistades incluso en la cuadra donde vivimos durante casi un cuarto de siglo.

Hablando de perros, un amigo mío solía llevar a su cachorro de labrador a la playa con él. Un día advirtió a una mujer muy atractiva en el agua vistiendo un traje de baño de dos piezas. Mientras se sentaba observándola, comenzó a pensar cómo conocerla. Pero mientras pensaba, su perro tomó el toro por las astas. El perro se dirigió hacia el agua, hacia la mujer y cuando llegó procedió a levantar su pata y a apoyarse en la pierna de ella. Ella no estaba demasiado contenta con esto. Hay formas mejores y más seguras para una presentación.

Otro lugar para conocer posibles parejas es en actividades relacionadas con el trabajo. Esto sucede a través del proceso de redes.

A algunas personas no les gusta tener amigos o parientes que les sugieran una pareja posible y se los presente. A veces otras personas pueden invadir nuestra privacidad, especialmente cuando son insistentes e incesantes. Dicen frases como: "Simplemente sé que ustedes dos van a congeniar" o "Ella es perfecta para ti" o "Le conté acerca de ti y no puede esperar para conocerte". ¡Como si fueran expertos en usted! Cuando oye comentarios como los primeros dos puede devolverles la responsabilidad y responder con "Dime por qué crees que congeniaremos". También podría decir: "Aprecio que pienses en mí de esta forma y consideraré la posibilidad. Sin embargo, usted se da cuenta de que no podría funcionar por algún motivo. Y de ser así, probablemente no sepa por qué. ¿Está bien?"

Algunos de ustedes pueden querer la asistencia de otras personas. Si es así, no lo deje a la selección aleatoria por parte de los que están en su comité de selección. ¿Por qué no crear un cartel de "búsqueda" dando una descripción del tipo de persona que está buscando? Déles a sus amigos alguna pauta para que puedan manejarse y le ahorrará algún tiempo. Mi esposa y yo tenemos una amiga que tiene treinta y tantos años. Le hemos presentado varios hombres cristianos, con uno de los cuales salió durante un tiempo.

Agradeció la ayuda, aunque en el momento en que escribo esto seguimos buscando.

Mi hija se casó a los 27 años de edad después de dos compromisos previos. Era manicura en un salón de belleza. Un día cuando iba a trabajar entró y vio a una de sus amigas cristianas que estaba en el proceso de cortarle el cabello a un hombre. Advirtió que ambos la miraban, así que se acercó y dijo: "¿Qué sucede?" El joven la miró y dijo: "Estábamos hablando de ti". La peluquera dijo: "Sí, le he estado diciendo a Bill que necesita invitarte a salir ya que no tienes ninguna enfermedad rara" ¡Sheryl dice que se puso colorada! Se rieron y conversaron un poco más. Luego de que él se fue, Sheryl llevó a Jan a la sala de atrás y le preguntó quién era. Jan le dijo que le ha estado cortando el cabello durante los últimos cuatro años, que era cristiano y necesitaba tener una cita con él. Sheryl le dijo que le diera su número telefónico y el resto es historia. Se casaron en 1988. Algo como esto podría funcionar para usted.

Hay veces en el consultorio en que una persona me dice: "¿A dónde voy para conocer personas?" Tengo dos preguntas para dar a modo de respuesta: "¿Qué le gusta hacer?" y "¿Qué le gustaría hacer con un cónyuge?" Vaya a esos lugares que le darán cosas en común con la persona con la que se case. Si le gusta el arte, visite galerías y exposiciones. Considere librerías, bibliotecas, tiendas de vídeo o incluso la lavandería. Un autor sugirió que las mujeres van al supermercado temprano por la noche, ya que los hombres suelen comprar más temprano. Y cuando vaya a la lavandería, lleve lejía y suavizante extra ya que los hombres suelen olvidar estos artículos.

Si es una persona que ahorra tiempo o está orientada hacia el tiempo, lo que voy a sugerirle puede ponerle en tensión. Sé que muchas personas ocupadas intentan ir a las tiendas o incluso a los clubes deportivos cuando hay menos personas. Pero eso no funcionará cuando está intentando conocer personas. Vaya a la hora más *concurrida*, puesto que hay más personas allí, especialmente en la lavandería. Llévese un libro, pero no para leer. Si espera conocer a alguien cristiano, lleve consigo un libro orientado al cristianismo o vista algo con un mensaje claramente cristiano. Ambos atraen la atención y son iniciadores de conversaciones.

Un hombre o una mujer cristianos tienen una cantidad menor de posibilidades de las que elegir, así que es importante encontrar lugares o actividades donde se reúnan otros cristianos. Puede vivir en una zona que esté limitada en cuanto a su población o asistir a una iglesia que sea bastante pequeña. Podría ser que allí no hubiera grupos de cristianos. Por necesidad puede ser la persona que ayude a desarrollar ese tipo de grupos. Conferencias para solteros, tanto regionales como locales, pueden ser una fuente de contacto. Si su iglesia no tiene un ministerio para solteros, comience a llamar a otras iglesias. En áreas metropolitanas más grandes hay muchas iglesias que cuentan con programas bien desarrollados y los que asisten no son solo de la iglesia local. Provienen de docenas de otras iglesias solo por la oportunidad de ser ministrados y de conocer personas. No hay nada malo en buscar en los grupos de solteros de la iglesia para conocer a un candidato o una candidata. Ese es parte del propósito de estos grupos.

Un esposo que había estado casado durante 33 años me contó cómo conoció a su esposa en la iglesia. En la universidad había salido con muchachas, pero no había encontrado a nadie. Ahora que se había graduado del departamento universitario de su iglesia y que comenzaba a tener su negocio, decidió que quería casarse. Dijo: "Era espiritualmente inmaduro en ese momento y oraba al Señor diez minutos para encontrar una esposa. Estaba sentado en la iglesia cuando dije: 'Señor, después de este culto, voy a ir al departamento universitario y si hay una mujer allí que pueda ser mi esposa, haz que venga hacia mí'. Fui al departamento de graduados comenzando a mirar a las mujeres que estaban allí fila tras fila. Era una mezcla del 'valle de la muerte' y el Mar Muerto. Me estaba desalentando cuando vi a esta mujer alejándose de mí. Todo lo que pude ver fue su espalda, pero supe que era una posibilidad real. La conocí y seis semanas más tarde estábamos comprometidos".

Las citas y los servicios de citas

He oído a varias personas de alrededor de treinta y cuarenta años comentar sobre las experiencias negativas que tuvieron. Es caro y es una pérdida de tiempo invertir en alguien y luego que las cosas no funcionen. Y es difícil hacer malabarismos con las citas cuando uno trabaja y tiene hijos.

Tener citas es un problema. Pero a pesar de los aspectos negativos, considere qué sucede en las citas. Al salir, descubrirá qué lo atrae o repele de una persona... o una combinación de ambas cosas.

Al salir, si está viendo a alguien que no obtiene lo mejor de usted, hay un mensaje que debe oír: Deje de salir con ellos.

Al salir usted está corriendo un gran riesgo. Se llama la posibilidad del rechazo. Pero vale la pena. Si sucede, no es, repito *no* es porque usted tenga defectos.

Al salir usted puede enamorarse y encandilarse tanto que piensa que su pareja puede hacer pocas cosas mal. Pero finalmente la burbuja explotará y cuanto antes mejor, así puede ahora construir una relación real. Sin salir esto no podría haber pasado.

Al salir, el propósito es descubrir si usted y esta otra persona pueden construir una relación, tal vez permanente. Y si no, no es tiempo perdido.

Los servicios cristianos de citas se han vuelto cada vez más populares con el correr de los años. Sé que hay muchas bromas sobre usar ese servicio y uno no siempre sabe cosas sobre algunas de las personas que forman parte de él, pero parece haber más beneficios que aspectos negativos. He entrevistado a muchos solteros que se han involucrado en estos servicios y sintieron que en términos generales eran beneficiosos. Sin embargo, antes de usar esos servicios, investíguelos profundamente. Averigüe sobre la historia del servicio, la muestra de población que tiene o la cantidad de participantes. Básicamente este programa es un servicio que permite a los solteros comunicarse con personas que pueden tener intereses similares.

Tal vez el sur de California sea inusual en la variedad de servicios de citas disponibles. Uno de esos programas se llama *Equally Yoked*. Esto es lo que dice el folleto:

> *¡Elegir una pareja para toda la vida a fin de participar en un matrimonio centrado en Cristo es la decisión más importante que tomarán los cristianos!*
>
> *Equally Yoked Christian Introductions* ha atendido a miles de solteros cristianos desde 1986 y el Señor bendijo a más de 250 miembros con esposos y esposas. Ofrecemos este servicio porque, además de la iglesia, no hay muchas oportunidades para que se conozcan solteros cristianos. Incluso muchos pastores han conocido a sus esposas a través de nuestro servicio.
>
> **Estudios personales.** *Equally Yoked* conoce personalmente a cada uno de nuestros nuevos

miembros y trata su testimonio cristiano. Los posibles miembros brindan referencias espirituales y personales ante la solicitud de las mismas.

¿Cómo funciona? Cada miembro llena una hoja con su perfil, envía una foto y responde cinco preguntas de tipo entrevista, incluyendo su testimonio cristiano en un breve vídeo. Nuestro proceso de selección de consentimiento mutuo asegura que ambos miembros quieran conocerse. *Equally Yoked* es simplemente un medio de brindar exposición cristiana.

Equally Yoked tiene hoy día seis oficinas que atienden el sur de California (Redondo Beach y Ventura se abren en mayo) ¡y se está expandiendo por todo Estados Unidos! Todo el personal de *Equally Yoked* son cristianos comprometidos y dedicados a brindar un excelente servicio a nuestros miembros. Por favor llame a su oficina más cercana para una orientación gratuita.[3]

Otro se llama *Christian Singles Connection:* Un ministerio para el cristiano no casado en el Cuerpo de Cristo. La publicación bimensual que vi contenía más de mil anuncios de hombres buscando mujeres y de mujeres buscando hombres. El periódico comienza con la frase: "*Christian Datemate Connections*: Para amistades, comunión, citas, casamiento". Esta es una organización a nivel nacional para protestantes, católicos y judíos mesiánicos. Su declaración de propósito dice:

Actuando sobre su fe. La mayoría de nosotros hemos atravesado la experiencia de buscar empleo en algún momento. Verificamos los anuncios en el periódico, enviamos el currículum, vamos a las entrevistas y hacemos todo lo que está en nuestro poder para encontrar el trabajo que necesitamos. Pero la mayor parte de nosotros oramos, confiando en que Dios nos conduzca en el momento correcto. Nadie sugeriría que por buscar activamente dejamos de confiar en Dios. Sin embargo, ocasionalmente hablamos con cristianos solteros que creen que buscar activamente una pareja demostraría una falta de fe. Sin embargo, en Génesis 24, Abraham, incapaz de encontrar una esposa adecuada para su hijo en la tierra de los cananitas, envió a un siervo a los hebreos con órdenes de hallar una esposa adecuada. Abraham hizo todo lo que pudo para incrementar las oportunidades de su hijo de encontrar el tipo de pareja que Dios quería que tuviera.

Al iniciar la búsqueda, estaba actuando sobre esa fe. Así es con los solteros cristianos hoy día. Para encontrar a nuestra pareja elegida debemos tener fe y permitir que Dios nos guíe. Dios no puede conducirnos si no nos estamos moviendo. Dios dice en su Palabra que no debemos ser unidos inequívocamente con incrédulos. A través de nuestro servicio de citas cristianas, usted expandirá en gran medida sus oportunidades para comunicarse con cristianos en su zona ya sea para entablar amistades, relaciones de citas ¡o la posibilidad de matrimonio!

Es posible comunicarse con la persona por correo de voz o a través de una carta. Los anuncios que leyó en el capítulo 4 fueron tomados de este periódico. Este programa también da una lista de actividades y eventos para reuniones de solteros.

Un tercer programa tiene lo siguiente como su declaración de propósito y filosofía:

Presentaciones confidenciales de solteros cristianos. Servicio de presentaciones personales uno a uno exclusivamente de solteros cristianos del sur de California desde 1987.

El amor cristiano no está faltando en el mundo, solo hay que encontrarlo. El mundo está lleno de creyentes en Dios que quieren "dar" y "recibir" amor. *Christian Singles Confidential Introductions* se formó como un ministerio no denominacional que puede usar Dios como un medio para ayudar a brindar un camino para los cristianos, que aman al Señor, a que se conozcan.

Encontrar a una pareja cristiana en esta sociedad compleja puede ser difícil a veces. Los estudios indican que los encuentros casuales son limitados y se pierden muchos años. *Christian Singles Confidential Introductions* fue creado para los que quieren usar un servicio cristiano de presentaciones, *pero están preocupados por la privacidad y la confidencialidad,* no se sienten cómodos usando un número 900 o grabando un vídeo para que los demás lo vean.

Si está buscando seriamente una pareja cristiana para toda la vida y preferiría una forma más confidencial de encontrar una pareja cristiana "*compatible*", *Christian Singles Confidential Introductions* es un servicio afectuoso, personalizado, de uno a uno, exclusivamente de cristianos solteros. CSCI no es un servicio de citas por vídeo, *usted es presentado a cada persona en forma individual.*

Una encuesta reciente del *Los Angeles Times* hizo un muestreo de opiniones de más de 2.000 adultos solteros. La respuesta más popular a su meta principal era: "¡Estar felizmente casado!" Por eso es que Dios lo creó con la necesidad de otra persona.

La Palabra de Dios dice muy claramente en 2 Corintios 6:14-18, que los cristianos solo deben casarse con otros cristianos. Si no puede hallar un cristiano compatible con quién salir, finalmente, por soledad, saldrá con no cristianos. *Si continua saliendo con no cristianos, finalmente se casará con un no cristiano.*

El deseo de mi corazón es ayudar a asegurarle un matrimonio más exitoso al hallarle:

1. Alguien que ame al Señor como usted lo hace. De acuerdo con la Palabra de Dios esto es número uno.
2. Alguien que pueda gustarle y pueda volverse su mejor amigo y luego su amor.
3. Alguien que es muy parecido a usted (en otras palabras, compatible) con intereses similares. Todo interés común que tengan es una bendición. Se pueden superar algunas incompatibilidades menores. Sin embargo, algunas son absolutamente esenciales como la espiritualidad, el nivel de energía, el uso del dinero, los hábitos personales.
4. Alguien que tenga el ingrediente mágico que necesita para comenzar una relación. Química. La atracción física es crítica. Sin embargo, no debe ser el único criterio.
5. Alguien que sea sano emocionalmente antes del matrimonio como lo dice Filipenses, capítulo 3,

versículo 13: "...olvidando ciertamente lo que queda atrás, y extendiéndome a lo que está delante".

6. Alguien que tenga las mismas metas: Sin permitir que crezcan hierbas alrededor de "sus" sueños. Personas que de verdad están enamoradas y que son compatibles tendrán los mismos sueños y las mismas metas para alcanzarlos.

7. Alguien con quién comunicarse emocionalmente, que tenga un deseo de compartir intimidad (no referida solo al sexo), sino compartir emociones, pensamientos, sentimientos, temores y gozos.

8. Alguien con quién se pueda sentir cómodo, para poder ser usted mismo. Alguien genuino que no juegue teniendo una fachada durante el cortejo y que no muestre quién es realmente.[4]

Este ministerio es altamente confidencial, no está diseñado para ser un servicio de citas, pero quiere unir a parejas cristianas compatibles para un compromiso de por vida. La solicitud personal a ser llenada es muy detallada, y hay una entrevista personal de tres horas de duración con el fundador de este ministerio. (Las direcciones de estos tres ministerios están en las notas de este capítulo.)

Si usa un servicio como estos y está interesado en conocer a alguien, asegúrese de emplear el enfoque GASP. Traducido, significa que los primeros y tal vez varios contactos iniciales son *Sesiones para conocerse* y no deben considerarse citas. Use el tiempo para investigar y no para seleccionar. Eso puede venir después. Debe descubrir lo más que pueda acerca de esta persona y desarrollar solo una amistad primero. Deje que el aspecto romántico se desarrolle desde la etapa de la amistad.

Como con cualquier programa o ministerio, la clasificación es importante. Las personas simulan y los anuncios publicados son para el propósito de comunicarse. Comuníquese primeramente por *teléfono* y las horas dedicadas podrán ayudarlo a determinar si quiere encontrarse o no. No quiere terminar sintiéndose atascado y obligado con una persona durante varias horas.

Un amigo expresó sus reflexiones sobre varios años de citas y de usar esos servicios. Creo que su experiencia puede ser útil para cualquiera que tenga citas.

Al buscar la pareja perfecta, me ha llevado mucho tiempo descubrir que no existe tal criatura ahí afuera. Todo se encuentra en grados de ceder: Puedo vivir con esto o puedo aceptar esto otro, etcétera. Luego cuando encontré una que encaja con todos mis criterios y parámetros, la pregunta es: "¿Encajarán en los suyos?" Es sumamente difícil tratar de encontrar a alguien donde los engranajes parecen encajar en su lugar sin mucho esfuerzo.

Creo que una de las cosas más importantes que encuentro invalorable en salir con alguien es toda la experiencia que he recopilado a lo largo de los años. Tener años de situaciones diferentes, he alcanzado el punto en el que ahora, cuarentón, me siento como que finalmente conozco todas las respuestas a las preguntas que ni siquiera sabía preguntar cuando estaba en mis veinte o treinta años. Pero incluso ahora sigo agregando y actualizando mi lista de preguntas.

Si hay algún consejo que puedo dar a quien esté buscando la pareja ideal es este: Haga preguntas sobre cualquier persona con la que salga y almacene sus respuestas en su banco de memoria para ver si las respuestas siguen siendo coherentes con sus acciones. Si algo aparece como una bandera roja, enfréntelo y no lo deje pasar como "No es para tanto". Interactúe con los amigos de la otra persona (en grupos) tales como viajes de campamento o de esquí o juegos del tipo de interacción en grupo. De ser posible, dedique tiempo a estar con los padres de la otra persona (y si hay banderas rojas, no las ignore, porque *su hijo es un producto de su entorno)*. Si hay forma de ver cómo la otra persona maneja situaciones de presión... póngala en ellas (de esta forma podrá ver cuán flexibles son o pueden ser y cómo se mantienen bajo presión), construya una amistad verdadera pero manténgase lejos de la cama, oren juntos, tengan valores e intereses en cosas similares, lleguen a conocer los defectos de la otra persona y sepan que pueden aceptarlas, observe para ver cómo tratan a sus mascotas y continúe entrevistando hasta los últimos momentos antes del matrimonio.

Y tan duro como pueda parecer, si esa voz interior dentro de sí le dice que está cometiendo un error, por lo menos deténgase y escúchela y esté dispuesto a desenchufarse o por lo menos a esperar hasta que las cosas se aclaren en la relación hasta el día de la boda. Siento que preferiría estar muy avergonzado y causar dolor a ambos por poner las cosas en espera o tener que abandonar la relación en los días previos antes de la boda, que tragármelo, ser un hombre y vivir como un desgraciado el resto de mi vida. ¿Para qué casarse cuando tal vez en realidad sabía en lo profundo de sí que las cosas no estaban bien o que pequeñas cosas se transformaban en grandes pero usted no supo enfrentarlas o tuvo miedo de herir a la otra persona al enfrentarla? Mucho de esto aparecerá si van a un consejero prematrimonial. Sepa de antemano que algunas personas pueden enmascarar u ocultar cosas o que si no pregunta cosas específicas pueden sentir que "Si usted no preguntó, ellas no mintieron".

Al recordar mis años de citas, he llegado a darme cuenta cuán ingenuo fui al tratar de descubrir qué preguntas debía hacer o pensar que realmente no tenía derecho a formular determinadas preguntas hasta que no avanzara más en la relación. Hubo algunas preguntas que ni siquiera se me ocurrieron que debía preguntar a una "cristiana". Supuse que ella nunca estaría en algo que sería terriblemente malo que uno debiera preguntar. *¡Nunca suponga nada!* Ahora tengo una lista de aproximadamente doce preguntas que pregunto directamente al principio y si tienen problemas con ellas, preferiría saberlo ahora y salvarme de involucrarme y del dolor adicional de tener que romper más tarde. Estas son preguntas que yo me sentiría cómodo de responder a alguien que estuviera interesada en salir conmigo.

Aunque en el pasado he realizado preguntas, descubrí que mi lista de preguntas era incompleta (y estaré agregando continuamente cosas a la lista según lo dictamine la experiencia). Un buen ejemplo de esto fue recientemente, cuando conocí a una mujer que disfrutaba una serie de actividades que yo también disfrutaba y *sostenía* ser cristiana. Luego de varias citas vimos que disfrutábamos de estar uno con el otro y ella me invitó a ir con su grupo de amigos

cristianos a las montañas para pescar. Me pareció
que la escena era absolutamente invalorable para
tener discernimientos que no vi mientras salíamos.
Primero vi que su lenguaje cambiaba cuando estaba
con sus amigos. Además, se volvió más mundana en
esta atmósfera (empezaron a aparecer las banderas).
Luego entró en depresión y no se abría ante cuál era
el problema. Luego, cuando todos estaban listos
para ir a pescar una tarde, decidió que quería ir de
compras en lugar de ir de pesca. Convenció a una de
sus amigas para que fuera con ella, lo que estuvo bien.
Sin embargo, ella y su amiga no volvieron para la cena
hasta las nueve de la noche, borrachas. En lugar de ir
de compras, fueron al bar local a bailar y a beber. Todo
lo que pude pensar de esto fue "Gracias, Señor, por
abrir mis ojos ahora".

Una semana más tarde, apareció en casa y con
orgullo me mostró un anillo de compromiso. Me dijo
que la razón por la que había actuado así en el viaje
fue porque descubrió que extrañaba a este gran tipo
"cristiano" con el que había estado viviendo durante el
año y medio pasado. Se había olvidado de mencionarlo
cuando comenzamos a salir. El hecho de que hubiera
roto con él unas semanas antes se le había pasado
por alto. Al revisar mi lista de preguntas, realmente
pensé que preguntarle a una "cristiana" si había
estado viviendo con alguien desde que se había vuelto
"cristiana" no era realmente necesario. Como dije
antes: NUNCA SUPONGA.

Un amigo mío dedica horas a hablar sobre todo incluyendo
la familia, la vocación, los intereses, el deporte, la amistad, su

fe cristiana, el deseo de tener hijos, las normas sexuales y los límites. Luego de varias conversaciones, se toma la decisión de unirse. Los amigos me han dado la lista de preguntas que utilizan para su entrevista telefónica (vea el Apéndice A).

A veces los contactos son simplemente por correo. El siguiente es un ejemplo de una carta escrita por un hombre a una respuesta a su anuncio. La mujer que escribe dio una descripción general de sí misma así como también una fotografía.

Amada Jean:

Gracias por tu reciente carta y por responder a mi anuncio en CSC. Probablemente tú, al igual que yo, has tenido dificultades en hallar cristianos de calidad que tengan algunos de los mismos valores e intereses que tú tienes, así que gracias por arriesgarte.

Por favor déjame presentarme. Mi nombre es John Smith, soy de los que "aman los espacios abiertos".

Tengo 48 años, soy joven de corazón e intento mantenerme físicamente bien jugando tenis dos veces por semana y haciendo gimnasia en otros días. Juego tenis cada vez que encuentro con quién (sí, soy paciente) y me gusta caminar, el ciclismo y correr por las colinas que están detrás de mi casa cuando no las han cerrado por peligro de incendio.

Pero lo que más me gusta es estar al aire libre, amo pescar, acampar, viajar, andar a caballo, ir en bote y el ski acuático (junto con *jet ski*) y esquiar en la nieve. Disfruto igualmente de las montañas y de la playa. Cuando tengo una oportunidad, me gusta ir a Baja California, México a pescar (donde el agua es tranquila y uno no se pone *demasiado* azul) en invierno y luego me quedo en la cabaña de un amigo, en una pequeña isla en BC, Canadá durante el verano. Cuando el tiempo lo permite, me gusta viajar y acampar por Utah, Wyoming y Montana, a veces preguntándome en cuál de estos hermosos lugares me gustaría vivir si tuviera la oportunidad. ¡Es algo divertido soñar despierto!

Profesionalmente, estoy en el negocio de comercialización de viajes, donde represento alojamientos, lugares de entretenimiento, hoteles, aerolíneas, casas de alojamiento y desayuno y ranchos para viajes de negocios para agentes de viajes, distribuyendo su bibliografía y folletos a los agentes. También he participado en montar un espectáculo de deportes, vacaciones y RV en centros de convenciones durante los últimos 14 años.

He estado asistiendo a la iglesia *First Evangelical Free* de Fullerton durante los últimos 20 años y creo que realmente he aprendido y me he beneficiado de las enseñanzas y discernimientos de Chuck Swindoll. Realmente lo voy a extrañar, ahora que se ha ido al Seminario Teológico de Dallas para ser presidente de la universidad.

Jean, tú me preguntaste si tuve algo de suerte con el anuncio hasta ahora. Bueno, sí y no. He conocido a algunas damas maravillosas a través del mismo (pero desdichadamente los engranajes nunca encajaron) y he tenido algunas experiencias horribles, donde las citas simulaban totalmente. Así que, como resultado de ello he descubierto que ahora no solo pido una fotografía (y sí, soy un hombre normal, visual y me gustaría ver si voy a ser atraído por la otra persona y no, no estoy en busca de la perfección, ya que no existe, hombre o mujer), pero también tengo una lista de preguntas que he hallado necesarias para hacer no solo para ver si hay suficiente sustancia además de tener intereses similares y sentirme atraído por una foto, sino que tener valores y creencias similares también es importante para mí.

No estoy saliendo solo por salir y con algunas de las experiencias que he tenido, no pensé que uno tuviera que hacerle a una cristiana algunas de estas preguntas, pero me equivoqué. He descubierto que no debo dar nada por sentado. Así que, si no te molestaría junto con mandarme una foto tuya (y si lo haces y esta parte no te asusta y desearas seguir adelante), por favor responde las siguientes preguntas:

1) ¿Has estado casada? De ser así, ¿por cuánto tiempo?
2) ¿Se ha terminado tu divorcio y cuándo terminó?
3) ¿Cuántas veces has estado casada (incluyendo una anulación)?
4) ¿Tienes hijos y viven contigo?
5) ¿Alguna vez participaste en una relación con una mujer?
6) Desde que eres cristiana, ¿has vivido con un hombre?
7) ¿Eres carismática?
8) ¿Eres demócrata, republicana o independiente?
9) ¿Eres pretribulacionista, postribulacionista o ninguna de las dos?
10) Para ti, ¿cuáles son las cinco cualidades más importantes que quieres y buscas en una pareja (en orden de importancia)?
11) ¿Fumas o usas drogas?

12) Y finalmente, ¿quién es Jesús para ti y qué significa Él en tu vida?

Tal vez no lo parezca aquí, pero realmente soy un tipo divertido y disfruto de un buen momento, pero he tenido que volverme más cauto (por la experiencia) en mis correos electrónicos. Espero no haberte ofendido o espantado de ningún modo, pero ya que eres nueva en este tipo de citas tal vez quieras pensar en hacerme algunas de estas preguntas o algunas propias, puesto que seguramente te ahorraría mucho tiempo y experiencias dolorosas. Y siéntete libre de preguntar cualquier cosa que se te ocurra, ya que soy una persona bastante abierta.

Espero que me respondas pronto,
Que Dios te bendiga,
John Smith

Cuando se reúnan la primera vez, no se comprometa a un período muy largo. Planifique un encuentro de una, dos o tres horas. Una vez que se conozcan y parezcan congeniar, entonces querrá extender su tiempo. Y al hacer esto de esta manera puede ayudarlo a no tener encuentros demasiado caros.

Para el encuentro inicial, reúnanse en un lugar neutral. Al hacer esto lo está volviendo más seguro. Hay tanto hombres como mujeres que preferirían que la nueva persona no conozca dónde viven al principio hasta que se conozcan mejor. Encuéntrense en una cafetería o en algún otro lugar donde puedan conversar tranquilamente. Ir a un partido, al cine o incluso a un culto de la iglesia no les va a ayudar a conocerse.

Varias veces he oído decir a los solteros: "Arruiné las

cosas la primera vez que hablé con él o con ella. Supongo que estaba tan ansioso por dar una buena impresión que se me trabó la lengua. Estoy seguro de que pensó que algo malo me ocurría". Tal vez el problema que genera estrés es observar a este individuo como un cónyuge posible. No lo haga. Usted todavía no lo conoce. Está comenzando a conocer a otro extraño. No sabe si va a gustarle la persona o no. Intentar impresionarla no funcionará. Simplemente sea usted mismo y siga adelante con una conversación como si estuviera con alguien más. Y con el tiempo nunca sabrá dónde conocerá a alguien o cómo resultará.

Todos hemos oído las historias de horror de cómo las relaciones no funcionaron. Considere esta que no tuvo éxito desde la cita inicial a lo largo de los primeros 11 años de matrimonio:

EL ENCUENTRO Y LA CITA

Yo tenía 18 años y estaba en el primer año de la universidad. En enero, al principio del nuevo semestre, tuvimos a un alumno nuevo, un muchacho. Soy, por naturaleza, algo amistosa y extrovertida, así que la mayoría de las muchachas en esta clase muy pequeña comenzaron a preguntarme quién era "el tipo nuevo". Nadie lo sabía y nadie lo averiguaba, así que con valor caminé hacia el joven y le dije: "Hola, ¿quién eres?" Me dijo su nombre y yo le dije el mío. Luego proseguí a presentarlo a los otros alumnos de la clase.

LA ATRACCIÓN

Cuando conocí a Mark, estaba en problemas (estaba saliendo con muchachos con los que no debía salir). Mark es anticuado e inmediatamente comenzó a tratarme "como a una dama". Abriendo y cerrando la puerta del auto, asegurándose de que mi abrigo estaba dentro del carro (y no colgando de la puerta). Me trataba con mucho respeto. Además, era atractivo y tenía un poco de dinero para salir. ¡Todas las cualidades atractivas para mí! También parecía tener una relación fuerte con el Señor.

Mark provenía de una familia reservada, tradicional y muy tranquila que demostraba poco las emociones. Yo provenía de una familia muy ruidosa, una que tenía mucho amor y afecto ¡y lo demostraba! El tipo del que mamá y papá se besaban en la cocina cuando los niños llegaban a casa de donde fuera. Supongo que esta libertad de expresión y libertad de abrazos y besos era atractivo para Mark así como el apoyo de su persona. Supongo que también podría decir que soy bien parecida, lo que sería atractivo para él, pero eso sería poner palabras en su boca. Una forma de describir las diferencias entre nuestras familias sería la historia de cuando fuimos a visitar a nuestras hermanas. Mark y yo decidimos hacer un viaje para visitar a su hermana durante un día y luego a la mía. Vivían a 45 minutos de distancia. Tuvimos "Cena de domingo" en la casa de su hermana con servilletas y mantel de lino, carne asada, papas, conversación de sobremesa tranquila. Todos pasaban la comida antes de dar el primer bocado; y se decía una hermosa bendición de la comida. Luego tuvimos otra cena en casa de mi hermana, con platos desechables y servilletas de papel, mucho ruido (ambas familias tenían hijos), olvidándonos de pasar la comida (simplemente sírvanse), pollo frito para comer con los dedos y una simple oración de "Gracias a Dios por la comida". Pensé que era bastante divertido que hubiera diferencias tan contrastantes. Desde entonces hemos descubierto, que es una imagen muy precisa de cada uno de nosotros. Mark es tranquilo y reservado y yo soy ruidosa y extrovertida. ¡Somos totalmente opuestos!

LA DECLARACIÓN

Después de 6 meses de que Mark se me declaró, comenzamos a hablar sobre hacia qué dirección se estaba encaminando nuestra relación. A esas alturas ya llevábamos saliendo dos años. Nuestra pregunta era si creíamos que Dios quería que estuviéramos juntos. (No queríamos estar de novios durante muchos años, simplemente descubrir si se suponía que no debíamos estar juntos.) Así que decidimos que comenzaríamos a buscar seriamente lo que Dios quería, rompíamos o nos comprometíamos. Habíamos tenido una relación a larga distancia durante aproximadamente un año, él estaba en la universidad. Decidimos que la decisión se tomaría antes de que regresara en septiembre a la universidad. Yo había sentido como si Dios me hubiera dicho a principios de la relación que él era con quien debía casarme. (Pienso que necesitaba saberlo, de otro modo probablemente hubiera roto con él después de comenzar a salir.) Puesto que no sabía lo que Dios le estaba diciendo a él, no quise insistir. Septiembre vino y se fue, sin ninguna decisión. Luego íbamos a decidir para el Día de acción de gracias, luego para Navidad y luego antes de que volviera a la universidad en enero. Comencé a preocuparme porque Mark se inclinara por romper la relación y si lo hacía suponía que Dios tendría otro plan para mí. Finalmente, el último día llegó antes de que se fuera a la universidad. Decidimos salir a cenar. La cena terminó, el restaurante estaba cerrado, los empleados estaban barriendo el piso cuando Mark decidió que debíamos tratar los pros y los contras de casarnos o no. Para cada pro que yo mencionaba, él salía con una contra. Comencé a sentirme frustrada cuando finalmente enumeró algunos pros. Luego dijo: "Me siento confiado al analizar esto, que puedes cumplir con el trabajo" (o algo parecido a eso). Mi respuesta (sabiendo lo que él quiso decir, pero aún algo frustrada) fue "¿Qué me estás pidiendo?" "Te estoy pidiendo que seas mi esposa. ¿Quieres casarte conmigo?". Le dije que con el permiso de mi padre, lo haría. (Aleluya, ¡finalmente lo hizo!) Llegamos a casa a eso de las 10:30 de la noche y empezamos el proceso de llamar a nuestros padres. Así que los llamamos, eran cerca de la una de la mañana. Mamá siempre me había dicho que si me comprometía, debía llamar a cobrar, así que estaba segura de que ella sabría por qué la estaba llamando a cobrar a la 1 de la madrugada. No es necesario decir que nuestros padres estaban encantados.

LA BODA

Nuestra boda fue el día que siempre había planificado (con la excepción de la niña de las flores hurgándose la nariz). Mi meta para el día era que el centro fuera Dios. Tuvimos una hermosa ceremonia con mucha música, puesto que mi familia ama la música (¡crecimos tocando instrumentos y cantando con la participación de 3 generaciones muchas veces!) Mi hermano participó cantando la mayoría de las canciones. Nuestra ceremonia se planificó alrededor del hecho de que Dios es el centro de la vida de cada uno de nosotros. Y el centro de nuestro matrimonio.

Hay muchas historias como esta. Tómese el tiempo de buscar a una persona, estúdiela cuidadosamente y luego elija.

Notas

1. Susan Page, *If I'm So Wonderful, Why Am I Still Single?* [Si soy tan maravillosa, ¿por qué estoy soltera aún?] (Nueva York: Bantam Books, 1988), pp. 41-42, adaptado.

2. Judith Sills, Ph.D., *How to Stop Looking For Someone Perfect and Find Someone to Love* [Cómo dejar de buscar a alguien perfecto y encontrar a alguien a quien amar] (Nueva York: Ballantine Books, 1984), pp. 35-38, adaptado.

3. *Equally Yoked* (Oficina Nacional), (561) 743-7854, www.equallyyoked.com

4. *Christian Singles Confidential Introductions*, 16168 Beach Blvd. #140, Huntington Beach, CA 92647. (714) 375-0400

6

Relaciones: A corto plazo, a largo plazo y a ninguno

$\mathcal{U}$sted ha conocido a alguien que es realmente una posibilidad. Usted está interesado y ella está interesada. No sabe adónde puede llegar esto, pero está dispuesto a seguir adelante. Acaban de conocerse, pasan unos pocos minutos conversando y hay un verdadero interés de ambas partes. Eso podría convertirse, bien, piense en todas las posibilidades: Una amistad, un romance a corto plazo o tal vez a largo plazo, tal vez incluso un matrimonio. ¿Quién sabe?

¿Qué está buscando?

¿Ha considerado dejar que las personas sepan lo que está buscando? Es posible y puede ahorrarle a usted y a la otra persona algún tiempo y hasta heridas en el corazón. Cada tanto encontrará una expresión de esto en uno de los anuncios para citas. Alguien dice: "En busca de un romance, compromiso y finalmente casamiento". "Solo quiero una cita y ver qué sucede". "No interesado en el matrimonio, sino en una buena amiga". Tal vez más de esto deba suceder de plano.

El paso inicial es resolver qué está buscando finalmente en los esfuerzos por conseguir una relación. Algunos hombres y mujeres han dicho que han expresado la primera vez que están juntos con una nueva persona cuáles son sus metas a largo plazo. Entonces, tan pronto como sea posible, intentan descubrir lo que la otra persona está buscando. Todos tienen algún tipo de plan o de preferencias. Una forma de atraer a alguien es dar a conocer los suyos. Si está buscando con quién casarse y esta nueva persona no cumple con lo que usted quiere, ¿para qué perder el tiempo? Si indican que ellos también lo buscan, pero que en los últimos 12 años han tenido una serie de relaciones de seis meses de duración una después de la otra, ¿eso qué le dice? Usted espera que será la respuesta a su búsqueda, pero ese es un alto riesgo. La historia de relaciones de una persona también puede tener un mensaje para usted.

Esto es lo que una mujer de 33 años nos dio a conocer como sus criterios:

> Lo que busco en un hombre devoto espiritualmente es un paraguas y luego hay cosas debajo de él. Si el paraguas no está allí, no me importa cómo es la apariencia exterior del hombre: Puede ser muy bien parecido, un encanto, conversador, emprendedor, un éxito. Sin embargo, si las evidencias de un fuerte andar con el Señor no están allí, no estoy interesada.
>
> Una vez debajo del paraguas, las cualidades que encuentro atractivas son las siguientes:

— Una persona que aprueben mis padres (particularmente mi padre).

— Una persona que sea digna de confianza.

— Una persona de integridad (Su palabra vale, cuando él dice algo, yo confío en que se va a hacer. Sé que él lo va a hacer.)

— Alguien a quien pueda admirar, una persona que me gustaría emular.

— Alguien que sea cortés, nadie que me denigre.

— Que sea bueno escuchando.

— Una persona que brinde apoyo. Podemos no estar de acuerdo en determinadas cosas, pero él escucharía mi punto de vista antes de tomar una decisión acerca de lo bueno o lo malo.

— Un buen comunicador. Si bien comprendo que no siempre vamos a estar de acuerdo en todas las cosas ni vamos a tener la misma opinión, quiero alguien que por lo menos *intente* comprenderme y comunicarse conmigo. Esta es una de las cualidades más importantes que busco.

La idea de integridad vuelve a la mente; en todas las facetas de su ser. La integridad hacia su Dios, su cónyuge, su empleador, sus amigos, sus finanzas (la iglesia, la oficina de impuestos, etcétera) y hacia mí. ¿Trata de convencerse a sí mismo de algo que no es el caso?

La mayoría de este enfoque "estricto" para buscar un hombre devoto tiene dos motivos: Uno que soy cristiana y la idea de estar con un incrédulo no solo me repele, sino es también es en contra de la voluntad de Dios. El otro motivo es porque he intentado que sea de otra forma y *sé* cuán infeliz (de hecho, totalmente desgraciada) fue. Supe que estaba involucrada en relaciones que no eran las ideales, pero no sabía cómo liberarme de algunas de las relaciones destructivas de la que formaba parte.

Con respecto a las *citas,* idealmente no quiero salir. En otras palabras, me gustaría llegar a conocer a ese hombre devoto como un amigo. Me gustaría que los besos y demás no fueran un tema. Creo realmente que podría conocer a alguien y llegar a conocerlo en un nivel intelectual y espiritual y saber a esas alturas si quiero casarme con él. El aspecto físico de una relación no tiene por qué ser parte del cortejo que tenga con una persona. Tengo suficiente fe y creencia en Dios de que Él obrará los aspectos físicos de nuestra relación.

En consecuencia, las ideas que se adecuan o son cómodas para mí son encontrar a alguien en grupos de otros cristianos (ya sea en una clase de escuela dominical, en la iglesia o en algún proyecto de alcance a los demás). Me gustaría llegar a conocerlo en grupos, por lo menos al principio, antes de pasar tiempo solos.

Por ultimo, *lo más importante,* habiendo pasado por los antecedentes que tengo, creo y sé que absolutamente la oración es esencial en una relación. De hecho, es la oración lo que me permitirá saber la voluntad de Dios sobre un hombre en particular en mi vida. Además, orar juntos es algo que será fundamental para mí.

Algunas personas se sienten bastante satisfechas con las relaciones a corto plazo. Este ha sido su patrón a lo largo de los años y no están presionando para casarse. A veces aquellos que están en relaciones a corto plazo constantes y frecuentes proyectan el motivo de esto en sus parejas. Dicen: "Ella no parecía interesada en casarse" o "Él no era del tipo que se compromete. Hay pocos hombres en esta época que sean así". Las personas que siguen este modelo de relaciones por lo general tienen una intensidad "pico" de atracción al comienzo, pero con el correr de los siguientes meses, disminuye. La relación parece agradable y con frecuencia hay pasión intensa. Es como si fuera un producto químico adictivo funcionando, pero rara vez dura. Uno no puede explicar siempre por qué se siente atraído a esta persona y a veces el quién y el qué son no coinciden con su lista de calificaciones.

La infatuación no tiene por qué tener una correlación con la realidad. La infatuación o pasión es muy común en los adolescentes. Sin embargo, puede volverse un patrón continuo en los adultos que tienen entre veinte y treinta años de edad. Lamentablemente, cuando la infatuación o pasión no se produce de inmediato, la persona puede no parecer interesada en perseguir las posibilidades.

A medida que la pareja sale en citas y la intensidad cede, crea una posibilidad de una evaluación necesaria de la relación y de la otra persona, así como también la oportunidad de que se genere un amor maduro. Si se produce alguna crisis que le haga ver de una manera nueva la relación, tanto mejor. Esto es positivo, puesto que así es la vida. Cuando enfrentan juntos una crisis, pueden ver otro lugar generalmente oculto de la otra persona. Estamos más dispuestos a hacer cambios durante algunas de las crisis.

Cuando las parejas que están por comprometerse o que vienen para consejos prematrimoniales dicen que tuvieron una semana difícil o que experimentaron importantes malestares, mi respuesta es: "Maravilloso, vamos a poder lograr más esta semana. Podemos usar lo que sucedió para determinar el efecto sobre su relación. Esto es positivo". Por lo general, ellos no lo ven así, pero con el tiempo verán los beneficios. O si una pareja no experimenta muchos malestares durante las semanas que pasan juntos, yo hago surgir temas y asuntos que pueden ocasionar una discusión seria, una reevaluación o hasta un conflicto. Así es la vida cuando se está casado. Antes de casarse es cuando necesita descubrir si realmente puede manejar los temas.

Cuando ingresa en un momento de reevaluar una relación para determinar si va a avanzar o la va a disolver, probablemente considere numerosas cuestiones. ¿Quiere continuar con la relación y de ser así, de qué manera? ¿Está contento manteniéndose en este nivel o quiere trabajar para avanzar a una relación más profunda y tal vez duradera? ¿Es capaz en este momento de tomar esta decisión? ¿Es capaz de dar a conocer cualesquiera sean sus sentimientos por la persona durante toda una vida? ¿Está considerando permanecer en la relación por un motivo positivo o porque es mejor que estar solo hasta que aparezca algo mejor? Estas son preguntas en las que hay que pensar al inicio de una relación.

Tal vez una de las preguntas que deba considerar mientras comienza a conocer a una persona sea: "¿Esta relación tiene una potencialidad a largo plazo?" Hágase esa pregunta y clasifíquela en una escala de 1 a 10 (1 siendo "olvídalo" y 10 "por supuesto que sí"). Haga esto cada vez que vea a la persona y pase tiempo con ella. Haga un seguimiento de esto durante un mes y luego pregúntese: "¿Qué me están diciendo los resultados?" Para ayudarlo en llegar a conocer a una persona puede que quiera usar las preguntas de la entrevista sugeridas en el Apéndice A.

Preocupaciones acerca de una relación a largo plazo

Con frecuencia solicito que mis pacientes respondan a preguntas por escrito durante la semana. He descubierto que cuando vemos nuestra respuesta escrita tiene mayor impacto. Para una persona involucrada en un patrón de relaciones a corto plazo o para alguien que desea una relación a largo plazo, puede resultar beneficioso reflexionar sobre nuestras preocupaciones de seguir adelante. Enumere cinco de sus preocupaciones y luego califique su intensidad en una escala de 1 al 5.

Mis preocupaciones acerca de una relación a largo plazo son:

1.
2.
3.
4.
5.

Ahora tenga en cuenta algunas de estas preocupaciones que han expresado otros solteros.

— ¿Qué sucede si simplemente estoy satisfaciendo las necesidades de la otra persona y no las mías?
— No estoy seguro de que si continuamos el nivel de darle a él sea recíproco. Me gustaría que fuera de dos vías.
— Hasta ahora ha sido difícil. ¿Cómo sabré si mejorará? Me gustaría que estuviéramos más cerca, pero tampoco quiero perder mi independencia.

— Si continuamos en la relación, ella puede descubrir otras cosas que no le gusten de mí. Podría ser muy rechazado si me apego a ella más de lo que estoy ahora. Quiero cercanía, pero no corriendo el riesgo del dolor del rechazo. Ya he pasado por eso.

— Él suele ser tan fuerte. Si continuamos la relación podría terminar dominada.

— Sé que soy fuerte y que tiendo a ser controlador. En una relación a corto plazo puedo manejarlo bastante bien. Pero cuanto más lejos se va con alguien más difícil es, especialmente cuando veo cosas que deben corregirse.

— Si me involucro exclusivamente con alguien, es costoso. Tengo que dejar de lado algunas de mis actividades así como también a amigos del sexo opuesto. Algunos han sido amigos durante años.

— Así que soy quisquilloso. Lo sé. Eso es lo que me evita ponerme en serio. Podría perderme a alguien que sea interesante.

Rebotes

Advertencia: Hay dos tipos de situaciones que definitivamente son peligrosas para la salud de un futuro matrimonio. Usted ha oído acerca de una de ellas, especialmente si es aficionado al baloncesto. De hecho en este deporte es ventajoso para el equipo tener jugadores que sobresalen en esta habilidad en particular. Se llama *rebote*. Se tira una pelota dentro de la canasta, pero rebota en el borde y el jugador del otro equipo salta alto en el aire y toma el rebote para que su equipo pueda tener posesión y ahora avanzar hacia su meta.

Atrapar el rebote en baloncesto es positivo. ¡Atrapar a una persona en el rebote no lo es! Lo veo todo el tiempo. Una relación de citas se rompe o se termina, un matrimonio se acaba por muerte o divorcio, y muy pronto la persona está involucrada con una nueva persona. Con frecuencia el rebotador está con profundo dolor por su pérdida y en lugar de experimentar la pérdida y el duelo intentan cubrir parte del dolor apegándose a una nueva persona en su vida. Los sentimientos positivos son mucho más positivos que el dolor del lugar vacío en su vida. En un sentido, la otra persona es usada como una anestesia por el rebotador para adormecer parte de su dolor. Uno puede ser sano y capaz de comprometerse en una relación para ese entonces, pero no está listo todavía. Muchas veces los rebotadores se involucran prematuramente en nuevas relaciones y estas les impiden sanar y contaminan la nueva relación. Ambas personas deben estar estables y ser ·sanas para que una relación tenga una oportunidad.[1]

Si una persona está ahora soltera por la muerte de su cónyuge, ¿se trató de una enfermedad prolongada y mortal la que condujo a la muerte? De ser así, pudo haber habido mucho duelo con anticipación y la persona pudo haberse recuperado con mucha mayor rapidez después de la muerte. Pero si no, por lo general lleva un promedio de dos años para que se produzca el duelo después de lo que denominamos muerte natural. Si fue una muerte en un accidente, por lo general lleva 3 años. Un suicidio, cuatro años y la muerte por homicidio, habitualmente cinco años. Por esto son importantes los grupos de recuperación del duelo antes de avanzar a una nueva relación.

Cuando se produce un divorcio y la persona es la rechazada no solo está la pérdida de la relación, sino que está el dolor del rechazo también. Con demasiada frecuencia la persona ingresa en relaciones antes de que siquiera se haya terminado el divorcio. Muchas veces hombres y mujeres que atravesaban un divorcio me preguntaron si está bien que comiencen a tener citas. Por lo general, les devuelvo la pregunta diciéndoles: "A los ojos del estado y de Dios, ¿está casado o soltero?" Cuando admiten la verdad (esto puede llevar un tiempo), dígales: "Si estás casado, entonces no eres candidato para una cita todavía. Una vez que te divorcies, asiste y termina un grupo de recuperación para divorciados. Luego espera por lo menos un año antes de siquiera considerar salir en citas. No estarás listo hasta por lo menos ese momento. Si participas de relaciones antes de ese tiempo, probablemente vas a rebotar y buscar a alguien por dolor y necesidad en lugar de hacerlo como una opción sana". Muchos pacientes no quieren oír esto. Pero los que se vuelven a casar demasiado pronto son otra víctima del divorcio.

Tal vez el tipo de rebote que con frecuencia se halla en las relaciones rotas se ilustre mejor arrojando una pelota de tenis contra la pared de un cuarto pequeño en su hogar. Rebota erráticamente ida y vuelta de pared a pared. Una mujer joven describió el proceso en mi consultorio:

> Me siento como si estuviera en una combinación de un tiovivo, autitos chocadores y montaña rusa todo en uno. Tengo que moverme todo el tiempo, sino creo que me volvería loca. Siempre estoy haciendo algo y saltando de una relación a otra. Y lamentablemente, de una cama a la otra. No me gusto a mí misma por hacer esto y me hace sentir aún peor acerca de la relación que perdí. He decidido encontrar cosas más constructivas para hacer

con mi tiempo y quedarme en casa la noche del jueves y del viernes todas las semanas para demostrar que puedo hacerlo. Duele, pero creo que me recuperaré por hacer esto y estoy segura de que puedo crecer a través de esta experiencia. No quiero estar encadenada a él para siempre y pienso que lo he estado.

Algunos pueden estar listos para una relación antes que otros, pero necesita hacerse esta pregunta: "¿Me están considerando por quién soy, una persona única en la que está interesada o soy mirada como una especie de cura?" La otra pregunta es: "¿Estoy buscando a la persona que me interesa como una cura o la estoy considerando por lo que realmente es?"

¿Cómo saber si esta nueva persona en su vida es un rebotador? Primero que nada, antes de invertir mucho tiempo, trate su última relación. Si fue de largo plazo, ya sea como novios o casados, vaya en detalle acerca del tipo de relación, qué hizo que terminara, cuánto tiempo hace, qué ha hecho para recuperarse y cómo le está yendo a la persona con su recuperación. Esto no es ser entrometido, sino seguro y práctico. Tal vez desee descubrir cuán similares o dispares son respecto de su ex pareja. He visto a muchas personas elegir hombres o mujeres iguales a sus ex parejas, con los mismos defectos y todo. Estos reemplazos probablemente traigan tanta desilusión como las parejas anteriores. Pero algo los lleva a demostrar que pueden tener relaciones con personas como esas. Tal vez es para demostrarse a sí mismos y a su ex pareja que el defecto no estaba en ellos. Por eso es que muchas hijas que tienen padres no afirmantes, alejados, distantes eligen esposos que se parecen mucho a sus padres. Las similitudes podrían darse en características de personalidad, conducta, valores, creencias, etcétera.

Antes de que cualquier persona pueda avanzar con una nueva relación, es necesario decirle adiós a la anterior persona. Es el paso final en las etapas del duelo por la relación. Profundizaremos más este tema en un capítulo posterior.

Los rebotadores suelen manifestar determinadas características y si las ve en la otra persona, tenga cuidado. Si la otra persona solicita o exige cosas que conducen a un cambio radical en su vida sin que usted reciba satisfacción, esa es una señal de advertencia. Podría ser un síntoma de rebote, o un rasgo de la personalidad. En cualquiera de los casos, no es sano para usted.

Con frecuencia los rebotadores usan la proyección para aliviar el dolor de su ruptura. Culpan a su ex pareja y se concentran en sus rasgos negativos (que todos tenemos). Esta tendencia puede evitarles ver o suponer su parte en la ruptura. Si continúan hablando mal de su ex pareja mientras se construye la relación de ustedes, siguen emocionalmente involucrados con la pareja anterior, pero con sentimientos negativos. El enojo que está allí podría llevar al resentimiento, que puede generar una amargura no solo hacia la fuente original, sino tal vez hacia otras personas en la vida de cada uno de ustedes e incluso hacia usted. Tal vez quiera descubrir a quién más han culpado por sus desgracias. Por cierto no querrá ser una adición en su caja de trofeos de "malas personas".

Otra forma de adormecerse del dolor de la pérdida, especialmente si fue el rechazado, es negar los aspectos positivos de su ex pareja. Frases tales como estos matan el dolor de la pérdida: "Sabes, esa persona realmente tenía muchos problemas y defectos. Él o ella no era quién o qué decían que eran. Estoy mucho mejor a largo plazo encontrando a otra persona".

Otra pregunta que debe tener en cuenta es si esta persona es la que rompió con su ex pareja o si fue la parte rechazada. En cualquiera de los casos, ¿ha sido este un patrón a lo largo de los años? ¿Dónde se encuentra su ex pareja ahora? ¿Está saliendo con alguien en una nueva relación o se ha vuelto a casar? De ser así, ¿soy yo la primera persona que ha tenido mi nueva pareja o ha habido otros? Si usted es el primero, ¿por qué han esperado hasta ahora para entablar una buena relación?

Prerrebotadores

Hay un segundo tipo de situación que es peligrosa para la salud de un futuro matrimonio. No he sabido cómo llamarlo hasta hace poco. Un autor lo denominó *prerrebotadores*. Son muy similares a los rebotadores salvo que siguen involucrados en su relación actual mientras están buscando una nueva. Una vez que se han asegurado una nueva pareja, entonces deciden qué hacer con la actual. Pero, ¿quién puede decir que no podrían dejar de lado la ex relación y mantener las dos a la vez? He visto tantas como cinco por vez. Y si ocurren problemas entre los dos, es muy fácil para ellos regresar a su ex pareja. Ahora usted es la persona abandonada.

A continuación hay algunas preguntas que podrían ser útiles para usted y para su futuro si conoce las respuestas sinceras. Puede que necesite encontrar formas creativas para tratarlas con su nuevo interés. También es fundamental que las responda usted mismo con sinceridad. La pregunta pertenece a "¿Realmente se terminó?"

1. ¿Con cuánta frecuencia piensa en su ex pareja y de qué manera? ¿Es algo negativo o positivo?

2. ¿Con cuánta frecuencia tiene contacto con su ex pareja y de qué modo? ¿Con qué propósito? ¿Qué sentimientos experimenta en esas ocasiones?
3. ¿De qué maneras es similar a esta ex pareja?
4. En una escala de 0 a 10, ¿hasta qué alcance teme que esta relación del pasado se vuelva a repetir?
5. En una escala de 0 a 10, ¿hasta qué alcance siente culpa por la relación anterior? ¿De qué manera esta culpa podría afectarlo al construir una relación con otra persona?
6. En una escala de 0 a 10, ¿hasta qué alcance siente enojo hacia la relación anterior? Si hay enojo, ¿qué puede hacer para resolverlo?

Ya sé. Usted puede estar pensando: "Nunca podríamos tratar esto". Pero en algún momento puede. No solo eso, necesita hacerlo. Después de todo, es su futuro. Descubrirá la respuesta de una u otra manera. Puede suceder directamente o de una manera que podría interrumpir su relación. Si está involucrado con un rebotador o un prerrebotador, lo está usando como muleta. Tenga presente que cuando sana una pierna fracturada, se deja de lado la muleta. Es algo para tener en cuenta.[2]

Piénselo de este modo. Si usted va a un médico nuevo, ¿qué hace él para ayudarlo? En primer lugar, toma un historial médico con algunas preguntas que no siempre se relacionan con la enfermedad que lo hizo ir al consultorio. Pero a fin de evaluarlo adecuadamente, el medico necesita el panorama general.

Si busca a un terapeuta para consejo, de alguna u otra manera se le pide que narre su historia pasada. Un terapeuta quiere tratar no solo con el problema del presente, sino que también necesita saber cómo se desarrolló y cómo lo afecta. De esa manera lo puede ayudar mejor.

Evaluar a una pareja no difiere mucho y es importante para su futuro.

Antes de considerar ingresar en una relación a largo plazo con alguien y posiblemente casarse, consideremos los temas de "No necesito este tipo de problemas". Si los problemas están presentes en ese momento, tal vez quiera considerarlos como una advertencia o una señal de "detener la relación".

Dadores, tomadores y fobia al compromiso

Hace años leí un libro llamado *The Givers and The Takers* [Los dadores y los tomadores]. Dividía a las personas en uno de dos campos. Idealmente tenemos tanto la capacidad de dar como la de recibir. Esto es sano. Pero si su pareja es exclusivamente uno u otro, tenga algo por seguro: No se verán satisfechas sus necesidades.

Si su pareja usa amenazas de cualquier tipo para obligarlo a continuar involucrado con usted como por ejemplo violencia, arruinar su reputación o suicidio, deberá romper la relación lo antes posible. Algunas personas tienen dificultad para aceptar un no. (Este tema se tratará con mayor profundidad en un capítulo posterior.)

Me asombra la cantidad de parejas cristianas que usan la palabra que empieza con "D" como una amenaza para controlar a su pareja. Amenazar con el divorcio es pernicioso en un matrimonio. Si tiene una pareja que usa amenazas para salirse con la suya, ¡podría considerar mostrarles dónde queda la puerta!

Si su pareja tiene un modelo de mal trato en sus antecedentes, ¿cómo puede estar seguro de que no experimentará lo mismo si nunca recibieron ayuda ni tratamiento?

En las últimas dos décadas el idioma inglés ha sido inundado con muchos nuevos rótulos en un intento por explicar las relaciones y los problemas en la vida. Muchos libros hablan de un rótulo que tal vez responda a por qué algunas personas nunca se casan. El nuevo rótulo villano en la ciudad es ¡fobia al compromiso! Se ha sugerido que tenemos una epidemia de este problema. Es especialmente doloroso para la parte de una relación que ama profundamente a la otra, pero no puede comprometerse. Hay muchos libros que tratan este problema y usualmente el culpable es el hombre. Algunos títulos son *The Dance-Away Lover* [El amante que se va bailando], *The Go-Away-Come-Closer Disease* [La enfermedad de alejarse y acercarse], *The Playboy Síndrome* [El síndrome de Playboy], *Flight from Commitment* [Huir del compromiso], *The Peter Pan Síndrome* [El síndrome de Peter Pan] y *Men Who Can't Love* [Los hombres que no pueden amar].

Un fóbico al compromiso es una persona que tiene un deseo fuerte, insaciable de afirmación por parte del sexo opuesto junto con una resistencia (una muy fuerte) al compromiso. No quieren estar solos, pero no quieren demasiada cercanía. Y cuando están muy cerca, se retiran. Su doble mensaje es: "Acércate. No te acerques tanto. Ven. Vete". Son infelices solos e infelices si van a estar atados.

¿Cómo se detecta a los fóbicos al compromiso? Si tienen un historial de relaciones a corto plazo, tenga cuidado. ¿Cancelan con frecuencia las citas con usted o cambian lo que arreglaron? ¿Usted se siente herido por ellos? ¿Los ve asentarse y cambiar el patrón? Si no, tenga cuidado.

Si por algún motivo tiene un fuerte sentimiento de que está involucrado con tal persona, sálgase de la relación. No intente descubrir por qué es como es ni piense que puede cambiar a la persona. No lo hará y no puede hacerlo. Es fácil caer en la trampa de: "Me pregunto por qué volvió a cancelar" o "Me pregunto por qué se aleja". Probablemente nunca lo descubra. Avance con alguien que realmente desee tener una relación sana.

Otra preocupación para las mujeres son los solterones comprometidos. Un periódico publicó un artículo con el título "La moda del solterón" en el que decía que cada vez más hombres eligen una vida de soltero en lugar de casarse. Muchos hombres posponen el matrimonio para perseguir metas educativas y de carrera. El autor del libro *Bachelors: The Psychology of Never-Married Men* [Los solterones: La psicología de los hombres que nunca se casan], descubrió que muchos hombres nunca se casaban porque elegían no hacerlo. El estudio reveló que muchos hombres tenían los mismos tres tipos de defensas en las relaciones: Evitar, aislarse y distorsionar. Los hombres solteros parecían rehusarse a involucrarse emocionalmente, a tener exigencias o a compartir sus necesidades en las relaciones sexuales. Su postura de defensa y aislamiento les permitía interactuar con mujeres, pero de manera superficial. No se compartían emociones. Por lo general su tendencia era a ser reservados, indiferentes. Si había situaciones en las que podían ser heridos, las evitaban. La característica sorprendente de este estudio de acuerdo con el autor era que solo el cinco por ciento de los solterones de más de 40 años nunca se casan.[3]

He visto algunas combinaciones extrañas en el consultorio prematrimonial. He hablado con parejas que iban a casarse en las que a uno de ellos no le gustaba especialmente su pareja, pero creía que no eso no era necesario si se satisfacían las necesidades físicas. Otra pareja admitió que sentían atracción física y que financieramente tenían metas similares, pero no estaban seguros de que les gustara la personalidad de cada uno. ¿Por qué las personas siquiera consideran el matrimonio con estos aspectos negativos? Sin embargo, lo hacen. (Afortunadamente las parejas que mencioné finalmente decidieron no casarse.)

Motivos para continuar en una relación perdedora

De los numerosos problemas mencionados en este capítulo, piense en ellos de esta manera: Si hay un asunto ahora, ¿por qué no sería un problema después del matrimonio y con mayor intensidad? Si puede dar los pasos necesarios para resolver los temas, sería maravilloso.[4]

¿Para qué continuar una relación donde los problemas son tan evidentes (tal vez incluso más después de haber leído lo que leyó)? Hay varios motivos.

Podría ser una lucha con la autoestima. Una paciente de 40 años describió su dilema con su novio. Relató sobre sus denigraciones constantes que hacían derrumbar su autoestima. Le pregunté por qué no terminaba con la relación y dijo: "Extrañaría la compañía que tengo ahora. Me sentiría incómoda empezando todo de nuevo con alguien. Y quizás las percepciones negativas que él tiene de mí son correctas". Si oye suficientes frases negativas, comienza a creer en ellas.

Algunas personas parecen regirse por sus sentimientos independientemente de los hechos objetivos. Veo a los que dedican su tiempo en novelas románticas y en alimentar su vida de fantasía acerca de una relación de romance intenso recaer en este grupo. A veces lo que uno fantasea se vuelve tan intenso que puede sobrepasar la realidad en la que uno se encuentra y no advierte las señales de peligro.

Amantes obsesivos

Algunas personas son adictas al amor, sin importar cuáles sean las consecuencias. En una relación sana uno espera y hasta idealiza que tal vez ha encontrado a la persona que pueda ser la satisfacción de sus esperanzas y sueños. Pero esto está equilibrado con la conciencia de que tal vez no funcione. Tiene una red de seguridad llamada realidad. Un amante obsesivo opera sin una red y ni siquiera comprende la palabra *duda*. Cuando conocen a una persona nueva, claman: "¡Sí! Esta es mi persona mágica que puede satisfacer todas mis necesidades y darme felicidad". Sus fantasías y expectativas acerca de esta persona especial poco tienen que ver con quién es realmente esa persona. Se concentran en lo que necesitan y en lo que la otra persona puede hacer para satisfacer esas necesidades.[5] Una persona como esta vive con el mito de la pasión final. Para la persona que es perseguida, inicialmente puede ser halagador, pero sofocante con el tiempo. ¿Encaja esto con alguien que conoce?

Para que las personas encajen en el patrón del amante obsesivo, deben cumplir con cuatro criterios. Esto incluye tener una preocupación que consume, intensa, incluso dolorosa por una persona real o deseada. Parecen consumirse por poseer a esta persona o por ser poseídos por ella. Aquí es donde se rompe la racionalidad. La persona que desean debe no estar disponible para ellos de alguna manera o puede rechazarlos. Puede que hayan dicho: "No estoy disponible" o "¡Vete de una vez!" Pero eso no le importa al amante obsesivo. El rechazo en realidad alimenta el amor obsesivo. Debido a la falta de disponibilidad o al rechazo, comienzan a comportarse de maneras contraproducentes.[6] Su temor al rechazo puede tener el mismo efecto que el hecho de ser rechazados. Y es una forma contraproducente de vivir la vida y de crear una relación sana. Los rechazos se racionalizan creativamente. Frases como las siguientes son muy comunes:

> "Sé que sale con otros hombres, pero no significan nada para ella. Ella solo me quiere realmente a mí. Pronto se dará cuenta".

> "Lo llamo varias veces por día y me corta. No puede enfrentar cuánto me quiere. Supongo que está abrumado por ello y no puede manejarlo. Algún día lo hará".

> "No me ha llamado por dos semanas. Esto ha sucedido antes cuando se le pone pesado el trabajo. Cuando afloje, volverá".

Pero todas estas enunciaciones niegan la verdad.

Cuando el sexo forma parte de este tipo de relación, obstruye aún más la relación. En la mayoría de las relaciones obsesivas, el sexo juega un papel importante. Y es con frecuencia muy intenso y placentero. El problema es que se lo usa para medir la intensidad del amor, de la compatibilidad, de si la otra persona lo quiere y conduce a la idealización de la otra persona. La persona obsesiva usa la relación sexual como una señal de certeza de que esta relación es "la relación" para su vida. Pero con frecuencia el sexo intenso y apasionado ha sido tomado equivocadamente por amor y la pasión a corto plazo hace que cualquier rechazo duela todavía más.

Al trabajar con parejas en consejos prematrimoniales, he descubierto que la mitad de ellas tienen una relación puramente sexual. No están teniendo, ni han tenido, relaciones sexuales. Para los que sí las tienen, les pido que dejen de hacerlo y mantengan una relación sexual pura hasta la noche de bodas. Asienten y al cabo de un tiempo alguno de los dos toma la decisión de no casarse. ¿Por qué? Varios han dicho, incluyendo a los hombres, que ahora que no había sexo, podían ver los problemas con mayor sentido de realidad y la pasión impulsora que había parecido ser el adhesivo que los mantenía juntos.

Una persona puede superar una dificultad de amor obsesivo. Si usted o alguien que está viendo tiene este problema, no se involucre más, hasta que se resuelva. Puede conducir a una persecución obsesiva, venganza, acecho e incluso violencia. ¿Usted o alguien que conozca encaja en esta lista? Una obsesión de amor puede tener las siguientes características y solo se necesitan algunas de ellas para indicar el problema:

— Ansían a la persona que no está física o emocionalmente disponible para ellos.
— Viven para el momento en que la persona deseada esté disponible.
— Creen que si los desean lo suficiente, finalmente ellos tendrán que amarlos.
— Creen que si siguen persiguiendo a esta persona el tiempo suficiente y con suficiente fuerza, los aceptará.
— Cuando son rechazados, quieren aún más a la persona y los rechazos continuos conducen a la depresión o a la ira.
— Se sienten víctimas por la falta de respuesta de parte de la otra persona.

— Creen que solo esta persona puede satisfacer su vida.

— Están tan preocupados por la persona que se ve afectado su trabajo, su ingesta, su sueño o llaman constantemente a la persona y en horas inadecuadas, la observan, la controlan, etcétera.[7]

Esto puede sonarle enfermo. Lo es. Pero es reversible; la persona puede desarrollar relaciones normales y saludables.

Consideraciones para una relación a largo plazo

Si está buscando una relación a largo plazo que sea satisfactoria para ambos, no hay tiempo límite para tomarse a fin de conocer a esta otra persona en todos los tipos de situaciones y bajo toda suerte de circunstancias. Trabaje con él o ella durante dos o tres días en un proyecto de misión de su iglesia o cocinando y limpiando durante un fin de semana para alumnos de los primeros años de la escuela secundaria. Esté con esa persona en ocasiones prolongadas con su familia o amigos cercanos. Si es posible, pasen un día en el trabajo, pintando juntos un cuarto o comprando durante varias horas (¡masculle!), y cosas por el estilo.

¿Cuánto tiempo debe darse para pasar de una relación a corto plazo a una de largo plazo. Digamos de tres meses a un año. No puede acelerar este proceso, ni lo puede evitar. Veo y oigo acerca de parejas todo el tiempo que pasan por alto el cortejo, pero en la mayoría de los casos la cirugía no es exitosa y finalmente el paciente (el matrimonio) muere. Recientemente oí acerca de una pareja que se conoció y al cabo de siete meses estaba comprometida. Ambos dijeron que simplemente "les parecía bien". No habían tenido tiempo todavía para una crisis o diferencia. Otra pareja de alrededor de veinte años se comprometió en tres meses luego de conocerse debido al sueño de ella de casarse, a su relación física y al dinero adicional que él ganaría por casarse mientras estaba en el ejército.[8]

Tiene que darse tiempo para que la infatuación, la atracción física, la química o como quiera llamarlo ceda para poder tratar con los verdaderos temas de la vida y permitir que se desarrolle el amor. Cualquiera haya sido la química inicial con suerte continuará y se equilibrará, pero se debe agregar mucho más. Si la relación experimentó una intensa pasión debido al sexo y comienza a menguar la cumbre romántica, las parejas que creen que la cumbre romántica es esencial por lo general no permanecen juntas. Las posibilidades contra el amor apasionado eterno son insuperables. Cuando uno comprende esto y elige estar satisfecho con los sentimientos más calmados de satisfacción y contento, una relación tiene más que una oportunidad. El tiempo permite que esto suceda. Incluso los sociólogos y los demógrafos seculares han identificado elementos de predicción de lo que contribuye a un matrimonio feliz y factores indicadores de que un matrimonio durará. Dos de ellos son si usted está casado después de los 20 años de edad y salió durante mucho tiempo antes de casarse.[9] ¿De qué manera ha estado orando acerca de este paso futuro? Llevar una relación ante Dios y pedirle su claridad, discernimiento y sabiduría es un paso significativo. Observar la relación a la luz de las Escrituras es otra forma de descubrir la voluntad de Dios. Con cada relación, concéntrese en Proverbios 3:5, 6: "Fíate de Jehová de todo tu corazón, y no te apoyes en tu propia prudencia. Reconócelo en todos tus caminos, y él enderezará tus veredas". Luego pregúntese: ¿Esta relación me (o nos) conducirá a una expresión más plena y completa que refleje la Palabra de Dios en nuestra? La respuesta a esta pregunta puede ser todo lo que necesite.

Antes de ir tras una relación a largo plazo, enumere las indicaciones de que esta ha sido lo bastante satisfactoria como para que usted la continúe. Verlo por escrito trae mayor claridad. Cuando trabajo con parejas prematrimoniales, ellos piensan este asunto con mucho cuidado y profundidad y traen a su primera sesión una lista de diez indicadores de por qué este es el momento de su vida para casarse. Me gustaría que esto sucediera en la transición de una relación a corto plazo a una de largo plazo y nuevamente cuando una pareja comienza a pensar seriamente en casarse.

A continuación se presentan algunas indicaciones o motivos que otras personas me han expresado para que usted los considere. Un hombre de aproximadamente cuarenta años dijo lo siguiente:

> Después de mi divorcio (en realidad incluso antes) comencé un estudio orientado bíblicamente sobre los motivos para el fracaso de mi matrimonio. Creo que ese proceso dio buenos frutos en términos de construir un estilo de vida como un cristiano genuino (es decir, *devoto*) y de aprender el compromiso básico y la madurez para un matrimonio cristiano. También tuve muchas citas en los últimos cinco años y he llegado a conocer a muchas mujeres de todo tipo. En el proceso, comencé a formular una lista de características *requeridas* y *deseables* que necesitaría en una mujer significativa en mi vida, sobre la base de: 1) mandatos y principios bíblicos y 2) mis preferencias personales, deseos, esperanzas, etcétera. Por primera vez en mi vida, tengo criterios establecidos o un sistema de valores con los cuales evaluar a una candidata posible.

Este hombre encontró a su pareja. Su crecimiento personal y cuidadosa planificación dieron sus frutos.

Una mujer de más de treinta años me dijo lo siguiente:

> El momento es el correcto porque por primera vez la persona es la correcta. También había otros con muchas cualidades buenas, pero entre ellos, Tony es la persona adecuada. Una cosa que es tan consoladora es que cuando tiene un día malo y está desagradable, gruñón o está fuera de sí, lo sigo amando. Eso en sí es asegurador.

¿Y qué hay con ello? ¿Está emocional y espiritualmente donde quiere estar para lo que se necesita en una relación a largo plazo y permanente? ¿Ha tratado algunas de sus preocupaciones? ¿Ha completado los pasos de evaluación que son necesarios? Este puede ser su momento de avanzar. Cuando piense que el matrimonio está en el futuro, dé el siguiente paso y comience con consejería prematrimonial o antes del compromiso. La oportunidad de pasar seis a diez horas con un ministro o un consejero puede ayudarle a identificar temas que puede haber pasado por alto, le ayudará a eliminar sorpresas futuras y le asistirá en desarrollar habilidades que necesitará en el matrimonio. El Apéndice B le brindará información adicional respecto de la estructura y los recursos del consejo prematrimonial.

Notas

1. Michael S. Broder, Ph.D., *The Art of Staying Together* [El arte de estar juntos] (Nueva York: Hyperion, 1993), pp. 125-26, adaptado.

2. *Ibíd.*, p. 128, adaptado.

3. Darryl E. Owens, de *The Orlando Sentinel*. "Bachelor Fad", *Missoulian*, junio 20, 1994, sección B, familias, p. 1, adaptado.

4. Broder, *The Art of Staying Together* [El arte de estar juntos], pp. 127-31, adaptado.

5. Dr. Susan Forward, *Obsessive Love* [El amor obsesivo] (Nueva York: Bantam Books, 1991), pp. 23-24, adaptado.

6. Forward, *Obsessive Love* [El amor obsesivo], p. 7, adaptado.

7. Forward, *Obsessive Love* [El amor obsesivo], pp. 11-12, adaptado.

8. Broder, *The Art of Staying Together* [El arte de estar juntos], p. 30, adaptado.

9. David G. Myers, Ph.D., *The Pursuit of Happiness* [La búsqueda de la felicidad] (Nueva York: William Morrow & Co., 1992), pp. 168-69, adaptado.

"¿Cómo sé si estoy enamorado?"

na pareja está sentada en mi consultorio en su primera sesión de consejería prematrimonial. Han venido con una mezcla de expectativas y aprehensión, puesto que han oído que las sesiones serán muy profundas. Más o menos a mitad de la sesión, le pido al hombre que describa en detalle el amor que siente por su novia. Después de su respuesta, le pregunto a ella algo que la derrumba, ya que ella suponía que le iba a pedir lo mismo. La pregunta es: "¿Cómo sabes que lo amas? ¿Qué te convenció?" A veces las respuestas son completas y llenas de sustancia, mientras que otras veces no. He oído frases como: "Bueno, simplemente sé que lo amo. Realmente no puede explicarse". Pero tal vez deba analizarse, explicarse y hasta expandirse. En las sesiones he hecho que algunos se pregunten a sí mismos: "¿Cómo sé que estoy enamorado? ¿Cómo puede estar seguro? ¿Y qué es el amor?" Todas estas son preguntas importantes.

Uno de mis dibujos animados favoritos muestra a dos gallinas mirando a dos cisnes con los cuellos entrelazados y mirándose a los ojos. En respuesta a la pregunta: "¿Qué es el amor?", una gallina responde: "El amor es algo que uno siente cuando siente algo que no sintió nunca antes". Puede que eso sea el amor o podrían ser algunas cebollas agrias que comió en el almuerzo.

¿Cómo describiría al amor? ¿Cómo lo definiría? ¿Cuál es la diferencia entre la infatuación y el amor? ¿Es el amor romántico o apasionado necesario en una relación? Y la gran pregunta: "¿Cómo sabe cuando realmente está enamorado?"

Consideremos algunos hechos básicos acerca del amor:

1. *El amor a primera vista es raro.* Puede darse una atracción infatuada de inmediato, pero el verdadero amor necesita tiempo para desarrollarse.

2. *El amor NO es coherente.* Su respuesta emocional a su cónyuge variará con el paso de los meses, de los años y de las décadas de una relación.

3. *La mayoría de las personas pueden enamorarse muchas veces.* Pero la atracción física y emocional a menudo involuntaria de "enamorarse" no debe confundirse con el compromiso voluntario y permanente de amar altruistamente a la persona que ha cautivado su corazón.

4. *La calidad del amor de cortejo cambiará y se profundizará en el matrimonio.* Y cada nivel subsiguiente de amor puede ser tan excitante, gratificante y satisfactorio como el último.

5. *El amor en una relación de matrimonio puede disminuir y hasta morirse.* El amor debe ser nutrido y atesorado cuidadosamente con el paso de los años

si es que deberá soportar la tensión de dos personas imperfectas que conviven.

También me gusta lo que dice M. Scott Peck en su libro *The Road Less Traveled* [El camino menos transitado] acerca de la ilusión que erosiona tantos matrimonios hoy día:

Para servir eficientemente como lo hace para atraparnos en el matrimonio, la experiencia de enamorarse debe tener como una de sus características la ilusión de que la experiencia durará para siempre. El mito del amor romántico nos dice, en efecto, que por cada joven en el mundo hay una joven que "está hecha para él" y viceversa. Además, el mito implica que solo hay un hombre para cada mujer y solo una mujer para un hombre y que esto ha sido predeterminado "en las estrellas". Cuando conocemos a la persona que nos corresponde, el reconocimiento llega a través del hecho de que nos enamoramos. Hemos conocido a la persona que los cielos tuvieron la intención de que fuera nuestra pareja y ya que esto es perfecto, podremos entonces satisfacer todas las necesidades del otro por siempre jamás. Y por ende, vivir felizmente para siempre en perfecta unión y armonía. Sin embargo, si llega a suceder que no satisfacemos ni cumplimos con las necesidades del otro, surgen roces y nos dejamos de amar, entonces queda claro que se cometió un terrible error, leímos mal el mensaje de las estrellas, no nos enganchamos con nuestra pareja única y perfecta, lo que pensábamos que era amor no es real o amor "verdadero" y nada puede hacerse acerca de la situación salvo vivir infelizmente por siempre jamás o divorciarse.[1]

El amor no es algo que simplemente sucede; se le debe cultivar para que crezca.

Amor romántico: Creencias, mentiras y beneficios

Tal vez estos pensamientos sean nuevos para usted o ya es consciente de ellos. Hasta puede sentirse molesto por ellos, especialmente si es una persona sumamente romántica.

El amor romántico y apasionado es un ingrediente necesario, pero debe haber más que eso para que dure un matrimonio.

El amor romántico es una parte necesaria del proceso, pero también puede ser el gran engaño en una relación. Pero nos hace sentir tan bien. Con frecuencia el predecesor del amor romántico es la infatuación. El diccionario la describe como "hacerse el tonto, hacer que se pierda el sano juicio; inspirar amor superficial o afecto".[2]

También se lo ha definido como una pasión tonta, absorbente así como también como *amor ciego*. Usted ve lo que quiere ver, pero realmente no está allí. ¡O lo que ve no es lo que va a obtener! Y cuando muere, es como saltar de un avión sin paracaídas. El viaje hacia abajo es prolongado y doloroso. Algunos bioquímicos creen que el cerebro de la persona infatuada libera una sustancia tipo anfetamina y que causa algo así como una cumbre elevada generada por ingerir una droga. Pero cuando se detiene la infatuación, se produce el repliegue. Los psicólogos sugieren que la mayor parte del tiempo la infatuación implica sentir por una persona que llena algún vacío en su vida, pero que no puede producir lo que usted busca.[3]

La objetividad es baja y en su lugar hay lentes de color de rosa. Usted ve a la otra persona como la respuesta a todos sus problemas y defectos personales. La otra persona parece llenar las partes faltantes de sí. La vida adopta una frescura y usted ve a la otra persona como lo mejor que puede encontrar. Se siente omnipotente, su atención y preocupación es hacia la otra persona. Puede pensar que esto solo les sucede a los adolescentes, pero he visto golpear a los que tienen veinte, treinta y cuarenta años. Muchas personas no quieren admitir que están infatuadas. En cambio, dicen que tienen un amor romántico intenso por su pareja. Busqué esta palabra también en el diccionario y encontré que *romance* o *romántico* significa: "Un llamado emocional; que de hecho no tiene base: Imaginario, visionario, marcado por la atracción imaginativa o emocional del heroico, aventurero, remoto, misterioso o idealizado; un énfasis en las cualidades subjetivas emocionales; marcadlo por o constituyendo amor apasionado".[4]

Cuando hay amor romántico, uno siente que nadie más ha sentido lo que usted siente. Con frecuencia hay una sensación de "aunque acabamos de conocernos, siento como que te he conocido durante toda la vida". Hay una compenetración o una comunicación inmediata. Pero muchos dicen que el amor romántico es un mito y uno muy peligroso para la relación matrimonial.

M. Scott Peck describe el "Mito del amor romántico" en el pasaje antes citado:

> Hemos conocido a la persona que los cielos tenían preparada para nosotros y puesto que la pareja es perfecta, podremos entonces satisfacer todas las necesidades del otro por siempre jamás.[5]

Hay una cumbre emocional involucrada en el amor romántico. Hay sentimientos elevados de deleite, triunfo y la creencia de que "Ahora puedo hacer lo que no podía hacer antes". Con frecuencia hace pasar el resto del dolor y de la desilusión de nuestra vida y nos brinda la falsa promesa de que durará para siempre. Medra en incertidumbre y novedad. El amor romántico también actúa como un anestésico o una novocaína para los dolores de la vida. Esto puede suceder cuando hay relaciones sexuales o cuando no las hay. Si el sexo está implícito, la pasión física con frecuencia crea una intensidad respecto de los sentimientos románticos que pueden solo mantenerse por experiencias sexuales. Por otra parte, el amor intenso puede ocasionar que las parejas pasen por alto sus valores cristianos y que la expresión sexual plena sea el resultado final de su experiencia romántica.

Sin embargo, la euforia romántica se desvanecerá. Eso es un hecho. M. Scott Peck también dice:

> La experiencia de enamorarse es invariablemente temporaria. No importa de quién nos enamoremos, tarde o temprano dejaremos de amarlo si la relación continúa lo suficiente. Esto no quiere decir que invariablemente dejemos de amar a la persona de la que nos enamoramos. Sino que el sentimiento de amor estático que caracterizó a la experiencia de enamorarse siempre pasa. La luna de miel siempre termina. El florecimiento del romance siempre se desvanece.[6]

Muchas personas basan su amor romántico en la atracción física y al poco tiempo terminan haciendo el amor. Y dentro de esta intensidad de pasión deciden casarse. Cuando este amor disminuye, un amor nuevo y más maduro debe desarrollarse y reemplazarlo. Pero si no lo hace, la pareja probablemente se divorcie o tenga aventuras amorosas. Cualquier opción expresa sus intentos por volver a capturar los sentimientos que se perdieron. La atracción física por sí misma, sin los otros elementos de amor más profundo, mantendrá un matrimonio durante aproximadamente tres a cinco años. Esto es todo. Algunos de esos tres a cinco años pueden haberse usado antes de que la pareja se case.[7]

Si una pareja se casa con la etapa de la atracción romántica como su base, pueden esperar que el romance dure de cinco a ocho años antes de que las cosas empiecen a complicarse y las críticas y los ataques se intensifiquen.

¿Cuáles son los problemas con una relación que se basa únicamente en el romance? Considere estas creencias y los hechos reales al respecto:

La creencia número uno dice: "El amor es un sentimiento abrumador que simplemente se apodera de nosotros". Esta es una falsa creencia sobre el amor. El amor no es algo que simplemente sucede. El amor no es todo emoción, un sentimiento que es total y completamente incontrolable. Pero cuando hay una química poderosa y "enganchan", ampliados por lugares románticos, experiencias y encuentros sexuales, uno cree que no pasa porque sí. Pero créase o no, esto no es amor. El romance y el amor genuino no son lo mismo. El romance es como una granada de mano con el vástago retirado y un fusible retardado con una cantidad de tiempo no revelada en ella. Si se le da suficiente tiempo, se apagará.

Los sentimientos románticos no son algo que uno pueda elegir o no elegir experimentar. Probablemente le suceda. Simplemente no lo haga equivaler al amor.

Una segunda creencia es que tener sentimientos románticos siempre conducirá a finales felices, después de todo: "¿Qué podría andar mal cuando tenemos sentimientos tan intensos?" Las explicaciones racionales a las parejas en este estado rara vez se registran porque su racionalidad hacia sí misma ha sido apagada.

A veces nuestra pareja es consciente de que su objeto de amor tiene faltas o que no es lo mejor para ella, pero su amor supera el buen juicio. Pero la peor base posible para tomar una decisión de casarse con alguien es hacerlo sobre la base de únicamente sentimientos románticos. Después de todo, si no hay nada más disponible, ¿a qué se aferrará cuando (no *si*, sino *cuando*) estos sentimientos pasen? Hace años una mujer que conozco socialmente vino a visitarme, muy entusiasmada para contarme que se acababa de comprometer y que quería consejo prematrimonial. Dijo que se había enamorado profundamente de este hombre al que había conocido hacía seis semanas y que sabían que estaban hechos el uno para el otro. "¿No es maravilloso?", me dijo. La impresioné al decirle: "No, no lo es" y proseguí a decirle por qué. Se ofendió, se casó con el hombre y se divorció dos años más tarde descubriendo que era homosexual. Esto podía haberse evitado.

Una tercera creencia de que nuestros sentimientos románticos y el resultado garantizado suceden "porque mi pareja es la persona perfecta para mí". No vemos ningún defecto. En cambio los ignoramos o descontamos su existencia. Es maravilloso encontrar a alguien tan bueno. Pero la perfección no existe. Salga con alguien un tiempo suficiente y lo sabrá. Por eso es que las citas a largo plazo, extensas y el conocimiento de una persona es la mejor preparación para un matrimonio que dure. Esto implica trabajar con la persona en proyectos, verlos bajo estrés y pasar períodos largos con ellos y su familia.

Una última creencia es que el amor romántico es totalmente espontáneo y simplemente sucede. Esto nos lleva a creer que amar a alguien es fácil. Amor es trabajo. Es compromiso. Es un acto de la voluntad. Lo que es fácil es el romance, pero no el amor. Me gusta lo que dice Thomas Jones sobre el amor y el romance: "El romance se basa en la atracción sexual, el disfrute del afecto y la imaginación. El amor se basa en decisiones, promesas y compromisos".[8]

¿Hay algo bueno que pueda traer el amor romántico? Sí, por supuesto. Neil Warren en su libro *Finding the Love of Your Life* [Cómo encontrar el amor de su vida] sugiere:

El amor apasionado realiza un servicio poderoso mientras dura. Se centra en la total atención de dos personas lo suficiente para que construyan una estructura duradera para su relación. La pasión de la experiencia del amor nunca mantendrá a los dos juntos para siempre. Pero el hecho de construir "estructuras duraderas" para una relación lleva mucho tiempo y esfuerzo. Y si dos personas no se atraen físicamente, podría ser que el arduo trabajo nunca se logre. Esa es otra función del amor apasionado: La experiencia que cambia la vida de ser aceptado y valorado. Cuando dos personas se encuentran totalmente monopolizadas entre sí, con frecuencia experimentan un impulso espectacular en su autoestima. Ya que en el proceso de descubrir que alguien más los encuentra atractivos, comienzan a verse a sí mismos atractivos también. El amor pasional concentra una luz brillante, positiva sobre cada una de las personas involucradas y ambas se enamoran no de cada uno, sino también de sí mismos.[9]

Se necesita alguna atracción física o respuesta emocional. Es difícil construir un matrimonio sólido si no siente atracción física uno por el otro. He visto a personas intentar convencerse de estar atraídos por la otra persona. Puedo recordar en la universidad tratando de convencerme a mí mismo de estar atraído por una muchacha con la que salí una vez, pero fue un ejercicio fútil. Sucede o no sucede. Y decir que la atracción no es importante es un poco irreal. Las palabras del doctor Neil Warren resumen muy bien la naturaleza positiva:

> Creo que el invento de Dios del amor apasionado es una de las partes más significativas de su creación. Estoy convencido de que toda persona tendría que tener la oportunidad de disfrutar alguna vez de este tipo de amor. No hay reemplazo para el amor profundo que sienten dos personas. Pero en las primeras fases de una relación, se le debe prestar mucha atención a la expresión de estos sentimientos. El amor apasionado tiene una forma de hacer un cortocircuito en el cerebro y acabar con el pensamiento racional. Si no se ejerce control conciente, la pareja eufórica comenzará a comportarse de una manera que es dañina para la relación y para cada individuo.[10]

Las relaciones sexuales prematuras son negativas por muchas razones. Una razón importante es que puede engañar a la pareja y pensar que deben casarse, debido a lo que están viviendo. Tomar la decisión de casarse en esta etapa sin permitir que la relación se desarrolle en su plenitud es como permitir que un alumno de primer año de medicina realice una cirugía cerebral antes de terminar los estudios. Uno no quiere tomar una decisión para toda la vida basado en solo el amor romántico o apasionado. Tenga presente que cuanto mayor es la atracción física, más tiende a aislarse de sus amigos. Cuanto mayor es la atracción física, menos se comunica. El involucrarse sexualmente hace un cortocircuito con el crecimiento.

¿Hacia qué tipo de amor debe avanzar una pareja? *Fileo* es un tipo y este es el amor de la amistad. Mientras que el amor romántico no puede sostener una relación, el amor de compañeros o de amistad sí puede. Si la amistad aún no ha sido desarrollada en una relación, el matrimonio es prematuro. Un amigo es alguien con quien usted quiere estar. Disfruta de su compañía, le gusta su personalidad, pueden jugar y trabajar juntos. Hay intereses en común entre los dos. No es que usted es amado únicamente por lo que da a conocer, sino que al expresarse desarrolla un tipo de amor diferente. Significa compañerismo, comunicación y cooperación. Un autor describe al amor de compañero:

> Este puede ser definido como un vínculo fuerte, gozo de la compañía y la amistad de la otra persona. No se caracteriza por la pasión salvaje y la excitación constante, si bien estos sentimientos pueden experimentarse de vez en cuando. La diferencia principal entre el amor apasionado y el de compañerismo es que el primero implica privación, frustración, un alto nivel de excitación y ausencia. El último implica el contacto y requiere tiempo para desarrollarse y madurar.[11]

He visto numerosos matrimonios derrumbarse a lo largo de los años porque no solo este tipo de amor era inexistente, sino que las parejas además no estaban seguras de cómo desarrollarlo. Cuanto mayor tiempo una pareja puede dedicarle a una relación fuera del proceso típico de las primeras salidas, más puede florecer este tipo de amor. Cuando el amor *fileo* o de compañero se ha desarrollado, las parejas deberán estabilizar su relación cuando se desvanezca el amor romántico. Lamentablemente, algunas personas con determinadas proclividades de personalidad son casi adictos a la "cumbre" o a la "excitación" del amor romántico. Cuando disminuye, se derrumban o salen a buscar una nueva relación excitante.

Amor de amistad

¿Qué implica el amor de amistad? Es una dedicación altruista a la felicidad de su pareja. Es cuando la satisfacción de sus necesidades se vuelve una de sus necesidades propias. Es aprender a gozar lo que ellos gozan, no solo convencerlos de que usted es la persona correcta, sino *desarrollar* el disfrute usted mismo mientras comparten juntos. Mi esposa ha desarrollado genuinamente un placer por la pesca de truchas hasta el alcance de que tiene sus propias cañas y un tubo de flotación. He aprendido genuinamente a disfrutar el arte y las buenas pinturas. Ambos aprendimos y nos acercó mucho. La amistad significa que hacen cosas juntos, pero que también uno está cómodo con tener sus propios intereses individuales y se alientan uno al otro en este respecto. Hay un equilibrio entre estar juntos y estar separados.

La amistad implica un determinado nivel de intimidad en la que hay apertura, vulnerabilidad y conexión emocional. También comparten metas, planes, sueños y trabajan juntos.[12]

Amor *ágape*

Otra forma de amor interpersonal, el amor *ágape*, puede incrementar nuestra gratitud así como también nuestra conciencia constante y recordatorio del amor *ágape* de Dios hacia nosotros. Se desarrolla una actitud de gratitud por toda la vida. Podemos ver y concentrarnos en las cualidades y atributos positivos de nuestro cónyuge, que podríamos pasar por alto o dar por sentado. Nuestras actitudes mentales pueden volverse a centrar debido a la presencia del amor *ágape*. Una actitud de aprecio nos hace responder con aún más amor hacia nuestro cónyuge.

El amor *ágape* se manifiesta a través de varias características. Primero que nada, *es un amor incondicional.* No se basa en el desempeño de su cónyuge, sino en su necesidad de compartir este acto de amor con él o ella. Si no lo hace, su cónyuge puede vivir con el temor de que limitará su amor si no cumple con sus expectativas.

A veces uno tiene que aprender a amar incondicionalmente a su pareja. Esto es lo que dijo un esposo:

Cuando me casé con mi esposa, ambos éramos inseguros y ella hacía todo lo que podía para intentar complacerme. No me daba cuenta de cuán dominante y despreocupado era hacia ella. Mis acciones en los primeros años de nuestro matrimonio la hicieron replegarse aún más. Yo quería que se sintiera segura, que mantuviera alta la cabeza y los hombros hacia atrás. Quería que usara el cabello largo y que fuera perfecta en todo momento. Quería que fuera femenina y sensual.

Cuanto más yo quería que ella cambiara, más replegada e insegura se sentía. Le estaba ocasionando lo opuesto de lo que quería que ella fuera. Comencé a darme cuenta de las exigencias que le estaba imponiendo, no tanto con palabras, sino con lenguaje corporal.

Por la gracia de Dios aprendí que debo amar a la mujer con la que me casé, no a la mujer de mis fantasías. Hice un compromiso de amar a Susan por lo que ella era, por quien Dios la creó.

El amor *ágape* se da a pesar de cómo se comporte la persona. Esta forma de amor real es un compromiso incondicional con una persona imperfecta. Y requerirá más de usted de lo que jamás ha pensado. Pero a eso se compromete cuando se casa.

El *amor ágape también es un amor transparente.* Es lo bastante fuerte como para permitir que su cónyuge esté cerca de usted y dentro de usted. La transparencia implica sinceridad, verdad y compartir sentimientos positivos y negativos. Paul Tournier contó la historia de una mujer cuya madre le dio este consejo: "No le cuentes todo a tu marido: Para mantener su prestigio y el amor de su esposo, una mujer debe mantener cierto misterio para él". Tournier comentó: "¡Vaya error! No reconoce el significado del matrimonio y el significado del amor. La transparencia es la ley del matrimonio y la pareja debe luchar incansablemente por ello al costo de confesiones que siempre son nuevas y a veces muy duras".[13]

El *amor ágape tiene un depósito profundo de dónde extraer.* No importa lo que suceda, el amor se siente y brinda estabilidad durante momentos de tensión y conflicto.

La bondad ágape es un poder de servir. La bondad es la voluntad del amor de mejorar la vida de otro. Es la disposición de acercarse a otro y permitirle acercarse a usted. Ágape es tratar de contentarse con aquellas cosas que no se ajustan a sus expectativas.

El amor ágape debe estar en el corazón de un matrimonio. Es un amor de darse a sí mismo que sigue aunque la otra persona no se deje querer. Este amor mantendrá vivos los otros tipos de amores. Implica bondad, ser compasivo, atento y sensible a las necesidades de su ser querido, incluso cuando crea que la persona no lo merece.

Si ahora está en una relación con alguien, considere estas preguntas: ¿Puede ser feliz con esta persona si esta nunca cambia? ¿Ama a la persona que tiene ahora o a un sueño imaginario? ¿Y puede ser feliz con esta persona si esta cambia de maneras en las que usted nunca soñó? Un amor con sus raíces en el compromiso dura a pesar de las presiones y el dolor de las desilusiones de la vida.

Piense en esto:

Amar significa comprometerse sin garantía, darse por completo con la esperanza de que su amor produzca amor en la persona amada. Amar es un acto de fe. Y quien sea que tenga poca fe también tiene poco amor. El amor perfecto sería el que da todo y no espera nada a cambio. Por supuesto, estaría dispuesto y feliz de tomar cualquier cosa que se le ofreciera, cuanto más, mejor. Pero no pediría nada. Porque si uno no espera nada y no pide nada, nunca podrá ser engañado o desilusionarse. Es únicamente cuando el amor exige que trae consigo dolor.[14]

Puesto que el amor *ágape* está en el corazón del amor de la relación matrimonial, pensemos un poco más acerca de este don del amor.

El amor *ágape* es una fuerza sanadora. Para demostrar el poder de este amor, apliquémoslo a un área crítica que afecta el matrimonio: La irritabilidad. La irritabilidad es una barrera y mantiene a otras personas a cierta distancia si saben que está presente dentro de nosotros.

Es la plataforma de lanzamiento para el ataque, para dar golpes, enojarse, decir palabras amargas, sentirse resentido y sentir repugnancia hacia las ofertas de amor de los que nos rodean.

El amor *ágape* es único en cuanto a que nos hace buscar las necesidades de nuestra pareja antes que exigir que sean satisfechas las nuestras. Nuestra irritabilidad y frustración disminuyen porque buscamos satisfacer a la otra persona en lugar de buscar y exigir nuestra propia satisfacción de la necesidad.

Pensemos juntos una vez más acerca del amor. Puesto que a veces es difícil determinar si lo que siente es amor genuino, hay varias pruebas para el amor. En su libro *I Married You* [Yo me casé contigo], Walter Trobisch sugirió cinco de ellas.

1. *La prueba de compartir.* ¿Pueden compartir cosas juntos? ¿Quiere hacer feliz a su pareja o quiere ser feliz usted?

2. *La prueba de la fortaleza.* ¿Su amor le da nueva fuerza y lo llena de energía creativa? ¿O le quita su fuerza y energía?

3. *La prueba del respeto.* ¿Se tienen respeto recíprocamente? ¿Está orgulloso de su pareja?

4. *La prueba del hábito.* ¿Únicamente se aman entre ustedes o también se gustan y aceptan al otro con sus hábitos y defectos?

5. *La prueba del tiempo.* "Nunca se case hasta que haya pasado un verano y un invierno con su pareja". ¿Su amor ha pasado por un verano y un invierno? ¿Se han conocido lo suficiente como para conocerse bien?[15]

Estas son cuatro pruebas adicionales de otro autor:

6. *La prueba de la separación.* ¿Siente un gozo inusual cuando está con la otra persona? ¿Hay dolor en la separación?
7. *La prueba de dar.* El amor y el matrimonio se tratan de dar, no de obtener. ¿Está enamorado como para dar? ¿Es capaz de entregarse a sí mismo? ¿Es esta cualidad de darse a uno mismo constantemente evidente?
8. *La prueba de crecimiento.* ¿Su amor es dinámico en crecimiento? ¿Está madurando progresivamente? ¿Se están desarrollando las características de amor cristiano?
9. *La prueba del sexo.* ¿Hay un gozo mutuo sin la necesidad constante de la expresión física? Si no pueden estar juntos sin demostraciones físicas, no tienen la madurez y el amor esenciales para el matrimonio.[16]

Volvamos a una de las cuestiones que mencioné al principio del capítulo: "¿Por qué ama a su novio o novia?" Considere las razones que enumeró un hombre:

Motivos por los que amo a Joan:

1. Porque su nivel educativo es alto. Creo que esas normas serán pasadas a nuestros hijos.
2. Porque Joan percibe la vida con discernimientos muy profundos. Ella aprecia la creación de Dios.
3. Porque Joan hace un esfuerzo conciente y serio para complacer a los demás, incluso anteponiéndolos a ella misma.
4. Porque Joan puede satisfacer mis necesidades físicas, espirituales y emocionales. Físicas, en cuanto a que

es capaz de dar afecto y consuelo; espirituales, en que puede agregar discernimientos bíblicos a las situaciones de todos los días y emocional, en que puede identificarse con mi sensibilidad.

5. Porque tengo la libertad de compartir mis sentimientos más internos, sabiendo que no recibirán rechazo, sino, en cambio, sabiendo que Joan hará un esfuerzo serio por comprender.

6. Porque ella me valora. Aprecia mi calidez y mi comprensión. Aprecia mis esfuerzos por consolarla. Amo ser apreciado.

7. Porque Joan ha aprendido y está aprendiendo continuamente, el arte de la sumisión sin la amenaza de la servidumbre.

8. Porque Joan me acepta por lo que soy, conociendo mis imperfecciones. Y tan importante como eso, puede trabajar constructivamente conmigo para que yo mejore.

9. Porque realmente gozo de su compañía. Disfruto de caminar y hablar con ella. Podemos hablar de cualquier cosa y de todo.

10. Porque es abierta al crecimiento y está dispuesta a cambiar.

11. Por su alta norma moral, que tendrá una influencia positiva sobre nuestra relación.

12. Por ser tan sincera.

13. Porque deseo entregarme a Joan. Ser comprensivo, amable, cálido, identificarme con ella, pudiendo escuchar con un corazón y unos brazos abiertos.

Tal vez después de todo lo que leyó sobre el amor en este capítulo, piense: "¿Es posible el amor? ¿Cómo sé si lo que estoy viviendo ahora es amor?" Sí, es posible. Y con suerte este libro le ayudará a aclarar su futuro con otra persona.

Todos hemos sido convocados a ser personas de amor. El amor es en realidad un mandamiento de Dios. Una y otra vez en las Escrituras, Jesús nos llama a amar: "Jesús le dijo: Amarás al Señor tu Dios con todo tu corazón, y con toda tu alma, y con toda tu mente. Este es el primero y grande mandamiento. Y el segundo es semejante: Amarás a tu prójimo como a ti mismo. De estos dos mandamientos depende toda la ley y los profetas" (Mt. 22:37-40).

Puesto que el amor es un mandamiento, hay tres conclusiones que pueden derivarse de ello:[17]

Amar a los demás es un requisito moral. Es nuestra responsabilidad amar incluso si los demás no nos aman. En una relación nuestro énfasis, entonces, es colocar nuestros esfuerzos en aprender a amar a la otra persona en lugar de averiguar cómo hacer para que nos ame a nosotros.

Amar también es un acto de la voluntad. Elegimos amar en nuestro corazón y en nuestra mente. El amor significa elegir qué es lo correcto y es lo mejor hacer en lugar de lo que quiero y siento deseos de hacer. Es la opción lo que mantendrá vivos a muchos matrimonios.

El amor no está determinado por nuestros sentimientos. En ningún lado de las Escrituras dice que ame a otros si así lo quiere. No podemos mandar sobre nuestros sentimientos. Vienen y van. Son como la marea en el océano; llegan y luego se van. No permita que sus sentimientos sean su guía. He tenido a algunas personas que han dicho: "Mis sentimientos de amor por esa persona han desaparecido". El efecto en el rostro de cada uno de ellos es evidente cuando les respondo: "Genial". Ahora pueden aprender el verdadero amor, si no lo han hecho hasta entonces.

Definiciones de amor

Nuestra sociedad y los medios de comunicación nos han dado un retrato falso del amor. Las Escrituras nos dan un retrato válido. Mientras continúa considerando el amor que es necesario para un matrimonio, reflexione sobre estos pensamientos de personas a las que se les pidió que dieran su definición de una relación amorosa:

"Una relación amorosa es una sociedad por opción. Amar a alguien en el que se ve la imperfección como una posibilidad y por ende, algo hermoso; donde el descubrimiento, la lucha y la aceptación son la base de un crecimiento y una maravilla continuos".

"Una relación amorosa es una en la que las personas confían uno en el otro lo suficiente como para volverse vulnerables, seguras de que la otra persona no se aprovechará. Ni explota ni da por sentado al otro. Implica *mucha* comunicación, mucho compartir y mucha ternura".

"Una relación amorosa es una en la que uno puede ser abierto y sincero con el otro sin el temor a ser juzgado. Es estar seguro con el conocimiento de que uno es el mejor amigo del otro y sin importar lo que suceda estará junto a él".

"Una relación amorosa es una que ofrece consuelo en la presencia silenciosa de otra persona con la que conoce, a través de palabras o de lenguaje corporal, que comparten confianza, sinceridad, admiración, devoción y ese entusiasmo especial de felicidad por el simple hecho de estar juntos".

"Una relación amorosa es un intercambio sin exigencias de afecto y preocupación, enraizado en la sinceridad total y en la comunicación continua sin explotación".

"Una relación amorosa es una en que el ser amado es liberado para ser él mismo, para reírse conmigo, pero nunca de mí; para llorar conmigo, pero nunca debido a mí; para amar la vida, para amarse a sí mismo, para amar ser amado. Tal relación se basa en la libertad y nunca puede crecer en un corazón celoso".

"Una relación amorosa es una en la que uno ve al ser amado no como una extensión de uno mismo, sino como una persona única, convirtiéndose para siempre en alguien hermoso: Una situación en la cual las personas pueden darse algo especial, una mezcla de seres sin temor a perder la individualidad".[18]

Notas

1. M. Scott Peck, *The Road Less Traveled* [El camino menos transitado] (Nueva York: Simon & Schuster, Inc., 1978), p. 91. Reimpreso con permiso de Simon & Schuster, Inc.

2. *Webster's New World Dictionary, Third College Edition* (Nueva York: Prentice Hall), p. 691.

3. Susan Page, *If I'm So Wonderful, Why Am I Still Single?* [Si soy tan maravillosa, ¿por qué estoy soltera aún?], p. 106, adaptado.

4. *Webster's New Collegiate Dictionary* (Nueva York: Prentice Hall), p. 916.

5. Citado en *Love Gone Wrong* [Amor equivocado] de Thomas Whiteman y Randy Peterson (Nashville: Thomas Nelson Publishers, 1994), p. 41.

6. M. Scott Peck, *The Road Less Traveled* [El camino menos transitado] (Nueva York: Simon & Schuster, 1978), p. 84. Reimpreso con permiso de Simon & Schuster, Inc.

7. Dr. Phillip Captain, profesor en la Liberty University, Lynchburg, VA. Presentación de taller en el Congreso Internacional sobre Consejería Cristiana en Atlanta, GA, 1992.

8. Thomas F. Jones, *Sex and Love When You're Single Again* [Sexo y amor cuando es soltero de nuevo] (Nashville: Thomas Nelson Publishers, 1990), pp. 93-96, adaptado.

9. Neil Clark Warren, Ph.D., *Finding the Love of Your Life* [Cómo encontrar el amor de su vida] (Colorado Springs: Focus on the Family, 1992), pp. 81-82. Todos los derechos reservados. Derechos internacionales asegurados. Usado con permiso de *Enfoque a la familia*.

10. *Ibíd.*, p. 84.

11. Bernard I. Murstein, *Paths to Marriage* [Senderos al matrimonio] (San Mateo, CA: Sage Publications, 1986), p. 110.

12. Warren, *Finding the Love of Your Life* [Cómo encontrar el amor de su vida], pp. 97-99, adaptado.

13. Paul Tournier. Fuente original desconocida.

14. David L. Leuche, *The Relationship Manual* [El manual de relaciones] (Columbia, MD: The Relationship Institute, 1981), p. 3, adaptado.

15. Walter Trobisch, *I Married You* [Me casé contigo] (Nueva York: Harper & Row Publishers, Inc., 1975), pp. 75-77.

16. William J. McRae, *Preparing for Your Marriage* [Cómo prepararse para su matrimonio] (Grand Rapids, MI: Zondervan Publishing House, 1980), p. 37. Usado con permiso de Zondervan Publishing House.

17. Jones, *Sex and Love When You're Single Again* [Sexo y amor cuando es soltero de nuevo], pp. 86-87, adaptado.

18. Leo F. Buscaglia, *Loving Each Other* [Ámense unos a otros] (Nueva York: Random House, Inc.—Fawcett Columbine, 1984), pp. 46-50. Usado con permiso.

8

Estilos de amores falsos

stás enfermo! ¡Enfermo! ¡Enfermo! ¡Enfermo! Crees que me amas, pero lo que llamas amor me está sofocando. No necesito esto ni tú tampoco. ¡Quiero una relación sana, no este desastre!"

Estaban sentados en mi consultorio, uno rogando y el otro atacando. Su matrimonio no funcionaba, aunque ambos sostenían que se amaban. He visto a tantas parejas como esta a lo largo de los años, algunas como novios y otras casadas. Algo andaba mal en su relación. El así llamado "amor" que decían que sentían el uno por el otro se expresaba de una manera extraña. Estaba contaminado. Es increíble cómo podemos tomar algo tan puro y contaminarlo. Con frecuencia el amor es un disfraz. Hay varias formas de amores falsos.

El que complace

Lamentablemente, algunas personas equivalen a un ser que complace con amor. Hay hombres y mujeres en relaciones que constantemente dan y dan, pero no por amor.

Es por culpa o porque algunas de sus propias necesidades se ven satisfechas. Necesitan darles a los demás para sentirse bien respecto de ellos mismos. Es como estar enganchado en ayudar y convertirse en "adicto a dar ayuda". Una persona que complace es una persona que está dominada y guiada por sus emociones. Hacen las cosas bien por los motivos incorrectos. Hacen cosas amorosas en lugar de ser personas amorosas.

El doctor Les Parrott describe los estilos falsos de amor tan bien en su libro *Love's Unseen Enemy* [El enemigo invisible del amor]. Cada estilo tiene varias características.

Los que complacen tienen esta necesidad abrumadora de complacer. Es como si vivieran para hacer felices a las personas. Mientras los observa, parecen ser concientes y cariñosos. Se salen de su camino para que los demás se sientan cómodos. Son especialmente buenos en recordar hacer las pequeñas cosas que los demás ignoran. Son tan agradables, complacientes y cuando se les pide que hagan algo generalmente hacen más de lo que se les pidió, incluso con una sonrisa cálida. Pero estos actos de amor no son voluntarios, son impulsados. Se sienten personalmente responsables de la felicidad de los demás. Si su pareja es infeliz, ellos se sienten culpables. Están impulsados a hacer demasiado. Por esto con facilidad atraen a otras personas, pero en una relación pueden terminar sintiéndose usados. La mayoría de estas personas suelen ser mujeres.

Las personas que complacen son los dadores de la vida. No solo evitan recibir, sino que cuando reciben se sienten incómodos. Se sienten culpables y comienzan a pensar en formas de devolución. Los que complacen también tienen una mentalidad de desempeño. Deben hacer las cosas de inmediato y quieren lucir bien. Necesitan la aprobación para poder mantener su culpa controlada. Viven para el aplauso. Viven con un temor al fracaso. Desdichadamente, esto puede conducirlos a cumplir con solicitudes irreales de ayuda. Decirle que no a cualquiera es algo imposible, porque lo ven como un fracaso personal. Esta no es una forma sana y bíblica de amar a otra persona.

Los que complacen tienen un sentido de responsabilidad que excede la proporción. Si están casados, creen que son responsables del bienestar y la felicidad de su cónyuge. Me hacen acordar a alguien que rescata, un salvavidas. Pero los que suelen rescatar no se están ahogando.

Para ellos, la negación propia no es un medio para un fin, sino un fin en sí mismo. Pero hace que el comportamiento amoroso ya no lo sea. Se convierten en mártires. Y en el proceso, alejan a las personas. Esto, a su vez, empuja su culpa y tratan más arduamente, lo que aleja aún más a las personas.

Los que complacen son parte de las personas que evitan los grandes conflictos en el mundo. Ellos difieren, ceden, dicen "sí" cuando un "no" es más apropiado y permiten que lo malo continúe. No es de sorprender que muchas personas que complacen que he visto en consejería prematrimonial hayan violado sus propios valores así como también los de las Escrituras al participar en sexo prematrimonial. Pero sí tienen límites. Si se los empuja, arrincona, ceden o bien se culpan a sí mismos o erupcionan como un volcán, porque no tienen la habilidad de resolver conflictos.

¿Ha intentado tener una respuesta directa o una preferencia personal de una persona que complace? No lo haga. Posponen las decisiones y evitan dar sus propias opiniones. No quieren escoger y decidir. De otro modo, la decisión que tomen puede no gustarle a usted.

En una relación matrimonial, la persona que complace vive para el afecto de su pareja. Lo buscan y se aferran a él. Pero también esperan que su pareja sepa lo que quieren o necesitan sin siquiera decírselos. ¿Puede imaginarse a alguien que complace expresando lo que necesitan a su pareja? ¡Realmente no! Todo repliegue o disminución de la intimidad por parte de su pareja es un desastre. Y ocasionalmente he visto el mismo escenario en mi consultorio. El cónyuge complaciente se sienta allí y dice: "Realmente no lo comprendo. Lo amo tanto y he intentado complacerlo. Sin embargo, pareciera que cuanto más trato de complacerlo más parece alejarse de mí". Es cierto. Su pareja se sintió sofocada y restringida.

Un esposo casado con una persona complaciente dijo: "Me enferma. Ojalá tuviera más orgullo y se me enfrentara. Tengamos algún conflicto. Estoy cansado de tener a una persona 'así' por esposa". Los complacientes suelen crear algunos de los mismos problemas que desean evitar. ¿Y qué sucede con usted? ¿Le suena algo de esto conocido? Si está saliendo con alguien que encaja en este perfil, solo recuerde: El amor que cree que está allí es falso.

Si estas características se dan en usted, demos un paso adelante. Su participación con los demás podría ser todavía más intensa que la de una persona que complace. Puede haber otro término para ello. Esta es una manera de aclarar si su amor y respuestas de ayuda son genuinos. Evalúe sus pensamientos, sentimientos y acciones de cariño usando las frases siguientes: Por cada frase califíquese del 1 al 10, 1 significando que la frase definitivamente *no* lo refleja, 10 significando que definitivamente *sí* lo refleja y 5 en algún lugar en el medio. Para cada frase que califique por encima de

5, considere la razón para reflejar esta característica. Si estas no lo reflejan, ¿a quién conoce usted que le pertenecen?

_____ Pienso y me siento responsable por otras personas: Sus sentimientos, pensamientos, acciones, elecciones, necesidades, bienestar, falta de bienestar y destino final.

_____ Siento ansiedad, lástima y culpa cuando otras personas tienen un problema.

_____ Me veo impulsado, casi forzado, a ayudar a esa persona a resolver su problema ofreciendo un consejo no querido, dando una serie de sugerencias o intentando componer sus sentimientos.

_____ Me siento enojado cuando mi ayuda no es eficaz.

_____ Me anticipo a las necesidades de otras personas.

_____ Me pregunto por qué los demás no anticipan las necesidades.

_____ Me encuentro diciendo "sí" cuando quiero decir que "no", haciendo cosas que realmente no quiero hacer, haciendo más de lo que me corresponde y haciendo cosas que otras personas son capaces de hacer por sí solas.

_____ Con frecuencia no sé lo que quiero o necesito. Cuando lo sé, me digo que lo que necesito o quiero no tiene importancia.

_____ Trato de complacer a los demás en lugar de a mí mismo.

_____ Me resulta más fácil sentir y expresar enojo por las injusticias hechas a los demás que por las que me hacen a mí.

_____ Me siento más seguro que nunca cuando doy.

_____ Me siento inseguro y culpable cuando alguien me da algo.

_____ Me siento triste porque dedico toda mi vida a dar a los demás y nadie me da a mí.

_____ Me veo atraído a personas necesitadas.

_____ Veo que las personas necesitadas se sienten atraídas por mí.

_____ Me siento aburrido, vacío y sin valor cuando no tengo una crisis en mi vida, un problema para resolver o alguien a quién ayudar.

_____ Abandono mi rutina para responder a alguien en problemas o para hacer algo para alguien.

_____ Me comprometo demasiado.

_____ Me siento hostigado y presionado.

_____ Creo profundamente que las otras personas son responsables de mí.

_____ Culpo a otros por mi situación.

_____ Creo que otras personas me hacen sentir como me siento.

_____ Creo que las otras personas me están volviendo loco.

_____ Me siento enojado, una víctima, no apreciado y usado.

_____ Veo que las otras personas se impacientan o se enojan conmigo por todas las características precedentes.

Si sus respuestas son de 6 o más, puede ser lo que se denomina codependiente. No todas las personas que complacen encajan en el patrón de un verdadero codependiente, pero pueden estar cerca de ello. Su vida refleja los rasgos negativos de la persona que complace. Dos recursos que pueden ayudarlo son *When Helping You Is Hurting Me* [Cuando ayudarte me hiere] (Harper and Row) por Carmen Renee Berry y *Love's Unseen Enemy* [El enemigo invisible del amor] (Zondervan) por el doctor Les Parrott III.

Puede sentirse como retando este perfil de una persona que complace. Otros lo hacen. Lo he oído tanto de esposos como de esposas: "Pensé que uno de los elementos del matrimonio era poner en primer lugar a la otra persona, satisfacer sus necesidades y complacerla. ¿No debemos ser siervos unos de otros?" Por cierto que sí, pero de una manera sana, amorosa, no por los motivos dados previamente.

Consideremos el concepto de servidumbre como una expresión del amor en el matrimonio. En el matrimonio se nos convoca a ser siervos uno del otro.

No mirando cada uno por lo suyo propio, sino cada cual también por lo de los otros. Haya, pues, en vosotros este sentir que hubo también en Cristo Jesús, el cual, siendo en forma de Dios, no estimó el ser igual a Dios como cosa a que aferrarse, sino que se despojó a sí mismo, tomando forma de siervo, hecho semejante a los hombres; y estando en la condición de hombre, se humilló a sí mismo, haciéndose obediente hasta la muerte, y muerte de cruz. Por lo cual Dios también le exaltó hasta lo sumo, y le dio un nombre que es sobre todo nombre (Fil. 2:4-9).

Jesús se sometió voluntariamente a ser un "siervo", cuidando nuestros intereses más que los suyos propios. Del mismo modo, el apóstol Pablo nos dice que: "Someteos unos a otros en el temor de Dios" (Ef. 5:21).

Advierta algo importante: Nunca debemos *exigir* que nuestra pareja sea nuestro siervo o que cumpla con las claras enseñanzas de las Escrituras. Si sentimos que tenemos que exigírselo o siquiera mencionarlo, entonces nos preocupamos más por satisfacer nuestras propias necesidades que por ser un siervo.

La servidumbre es la marca que identifica a todo creyente cristiano verdadero.

Para decirlo simplemente, el papel de un siervo es asegurarse de que se satisfagan las necesidades de la otra persona. En una relación esposo-esposa, ser un siervo es un acto de amor, un presente para que la otra persona tenga una vida más plena. No es algo que deba exigirse. Es un acto de fortaleza y no de debilidad. Es una acción positiva que ha sido elegida para demostrar su amor uno al otro. Por ende, el apóstol también dijo: "Someteos unos a otros...", no limitando el papel de servidumbre a la esposa.

Un siervo también puede llamarse un *facilitador*. La palabra *facilitar* significa "mejorar". Como facilitadores debemos hacerle más fácil la vida a nuestro cónyuge en lugar de exigirle cosas restrictivas. Un facilitador no trabaja más por la pareja, ni obstaculiza a la otra persona en que se convierta en quien ha sido diseñada para convertirse.

Un siervo es también alguien que *edifica* o construye a la otra persona. La palabra *edificar* deriva de la palabra latina *aeds* que significa "hogar" o "chimenea". El hogar era el centro de las actividades en los tiempos de la antigüedad. Era el único lugar cálido y alumbrado en la casa. Y el lugar donde se preparaba el pan diario. También era el lugar donde se reunían las personas.

Edificante se usa con frecuencia en el Nuevo Testamento para referirse a construir a otra persona. Tres ejemplos de edificar se expresan en los versículos siguientes: 1) aliento personal, 2) fortalecimiento interior y 3) el establecimiento de paz y armonía entre las personas.

Así que apuntemos definitivamente y persigamos con ansias lo que se necesita para la armonía y la construcción mutua (edificación y desarrollo) de uno hacia el otro (Ro. 14:19).

Cada uno de nosotros agrade a su prójimo en lo que es bueno, para edificación (Ro. 15:2).

Por lo cual, animaos unos a otros [adviértanse, exhórtense] y edificaos [fortalecer y construir] unos a otros (1 Ts. 5:11).

Recuerde las características de la persona que complace y los motivos para que respondan de este modo. ¿Encajan con esta expresión del amor? Realmente no. El amor debe ser genuino. Una persona genuina puede expresar su propio yo y sus sentimientos de maneras apropiadas, en lugar de reprimirlos o enmascararlos.

Cuando uno siempre coloca una fachada ante los demás, puede comenzar a confundir su verdadera identidad con el "carácter" que está retratando. Puede que comience a preguntarse: "*¿Quién soy en realidad?*" Ese es uno de los deleites de ser cristiano. Podemos aceptar quiénes somos debido a la manera en que Dios nos ve a través de su Hijo Jesucristo.

Un ingrediente principal en el carácter de genuino es la sinceridad. Cuando alguien es sincero, uno puede relajarse en la comodidad y la seguridad de que él o ella son dignos de confianza. La sinceridad también es una cualidad bíblica. Pablo oró porque el amor de los creyentes filipenses "abunde aun más y más en ciencia y conocimiento, para que aprobéis lo mejor, a fin de que seáis sinceros e irreprensibles para el día de Cristo" (Fil. 1:9-10).

Nuestra palabra *sincero* proviene de una palabra latina que significa "sin cera". En los tiempos de la antigüedad, la porcelana fina y cara tenía con frecuencia pequeñas grietas cuando se las horneaba. Los mercaderes deshonestos echaban cera blanca perlada sobre las grietas hasta que desaparecían y luego sostenían que la porcelana no tenía defectos. Pero cuando se la miraba a la luz del sol, la luz revelaba las grietas rellenadas con cera. Así que los mercaderes honestos marcaban estas porcelanas con las palabras *sine cera:* sin cera. Eso quiere significarse por la sinceridad genuina: No hay grietas ocultas, no hay motivos ulteriores, no hay intereses escondidos.[1]

Ser genuino con los demás implica otro ingrediente riesgoso: La transparencia. La transparencia, la capacidad de ser visto por quién uno realmente es, es un bien muy raro en estos días. Es más fácil y más sencillo usar una máscara que dejar que los demás vean quién es uno por dentro. Pero es difícil entablar una relación con alguien usando una máscara. Jesús alentó la transparencia cuando dijo: "Bienaventurados los de limpio corazón, porque ellos verán a Dios" (Mt. 5:8). La palabra *limpio* literalmente significa "puro, no contaminado, sincero, sin corrupción, aliado o sin engaño y honesto en motivo". Yo disfruté leyendo la ilustración de Swindoll de la transparencia:

Anoche decidí intentar algo que nunca había hecho antes de conducir a casa. En mi último cumpleaños mi hermana me regaló una máscara de caucho que cubría toda la cara. Una de esas cosas locas que uno se desliza sobre toda la cabeza. Ella me dijo que me daría diez dólares si la usaba en el púlpito un domingo (mis hijos ofrecieron quince dólares), ¡pero simplemente no podía hacerlo! Bueno, anoche me puse esa bestia fea cuando me levanté para hablar. Suponía que nadie lo iba a poder soportar, pero este grupo pudo. *¡Fue tremendo!*

No le presté atención. Sin ninguna explicación, simplemente me puse de pie y comencé a hablar sobre ser auténtico. Allí estaba parado presionando, diciendo una frase tras otra mientras el lugar se descosía de risa. ¿Por qué? ¡Cualquiera sabe por qué? Mi máscara anulaba todo lo que tenía para decir, especialmente sobre *ese* tema. Es imposible ser muy convincente cuando se lleva una máscara.

Finalmente me quité aquella cosa y el lugar se tranquilizó de inmediato. Tan pronto como lo hice, todos comprendieron lo que estaba haciendo. Es gracioso, cuando usamos máscaras *literales,* no se engaña a nadie. Pero qué fácil es usar máscaras invisibles y engañar a las personas semana tras semana. ¿Sabía que la palabra *hipócrita* proviene de las antiguas obras griegas? Un actor se colocaba una máscara grande, sonriente frente a su rostro y citaba líneas de comedia mientras las personas rugían de risa. Luego se deslizaba a la parte de atrás del escenario y agarraba una máscara con el ceño fruncido, triste, enorme y volvía a citar líneas trágicas mientras el público gemía y lloraba. Adivinen cómo se lo llamaba. Un *hipocritos,* uno que usa una máscara.

Los siervos que son limpios "de corazón" se han quitado sus máscaras. Y Dios coloca una bendición especial sobre la vida de cada uno de ellos.[2]

Las personas transparentes son recordadas, valoradas y confiadas. Las personas genuinas no son complacientes. Las personas transparentes no son complacientes.

¿Por qué estoy discutiendo estilos de amores? Es sencillo. Antes de que se sienta muy apegado en una relación, uno quiere poder identificar las señales de advertencia propias o el patrón de amor falso de su pareja.

El controlador

Un modelo de controlador, de muchas maneras, es lo opuesto a una persona que quiere complacer. Sin embargo, ambos tienen una fuerte necesidad de aceptación. Pero por cierto tratan de obtenerla de modos diferentes. Un complaciente cede el poder a los demás en su deseo de ser amado, pero un controlador toma el poder para obtener el respeto de los demás. Un complaciente tiene una sobreabundancia de compasión, pero muy poca objetividad. El controlador, al ser justamente lo opuesto, tiene mucha objetividad, pero no sabe nada de compasión. Los controladores son muy analíticos. Aunque esto les ayuda a comprender la necesidad de los demás, el propósito generalmente es obtener control sobre ellos. Los controladores pueden por lo general identificarse por siete características de cómo se relacionan con los demás.

Su necesidad de tener el control es obvia y ellos utilizan dos medios para lograrlo. El miedo expresado a través de la intimidación es característico. Y ellos son muy adeptos a descubrir y a usar las debilidades en otras personas. La otra herramienta es tranquila y puede activarse en el cónyuge de un controlador por medio de una palabra, dar vuelta los ojos o un gesto. Se advierte toda equivocación y se la usa para guiar al cónyuge que cometió el error en línea con sus intereses.

Los controladores confían mucho en sí mismos y el matrimonio para ellos no es responsabilidad propia del trabajo en equipo. Totalmente independientes, crean su propio vacío de soledad, puesto que su estilo de independencia los aleja de las demás personas.

La ausencia de emoción en sus vidas ayuda a crear un matrimonio en la que su pareja termina muriéndose de hambre de cercanía e intimidad. El vínculo emocional que es necesario para una relación sana no se da. Muchos controladores nunca se han permitido la oportunidad de sentir. Si lo hacen, lo mantienen dentro de sí. Veo a muchas personas que solo han aprendido a llorar internamente. Muchos controladores solo sienten enojo. El gozo, el deleite y la tristeza faltan en la vida de ellos. Piensan en las emociones, pero rara vez las sienten. Cuando sus cónyuges expresan emociones, probablemente se sienten bastante incómodos con lo que ven y rápidamente intentan tratar con ellos racionalmente.

Cuando se trata de expresar conductas amorosas que son genuinas, los controladores son bastante ineptos. Lo que uno puede ver como gracia, cordialidad, bondad o ser muy sociables tiene un propósito en mente: Tomar el control de la otra persona. Tener amor como un resultado final no tiene un significado real, pero usar el amor como un medio para un fin tiene sentido para ellos. Si hay interés en otra persona, es por un propósito. Su pareja, casada o no casada, termina sintiéndose usada. Pero muchos controladores creen que aman a sus parejas. Usarlos es una expresión de su amor.

Reglas, reglas y más reglas es su modo de vida. Y cuanto más rígidas sean, mejor. Hay una forma correcta de hacer las cosas: Es su manera y es la única manera. Saben qué es mejor para los otros y orquestarán su vida. Si usted está en una relación con un controlador, se encontrará obligado a conformarlo de un modo u otro. No todos, pero muchos controladores tienen el problema adicional de ser perfeccionistas. Esto convertirá a su vida en aún más insoportable. (Para asistencia detallada en aprender cómo manejar y cambiar a un perfeccionista o controlador, ver el capítulo 11 de *How to Change Your Spouse Without Ruining Your Marriage* [Cómo cambiar a su cónyuge sin arruinar su matrimonio] de Gary Oliver y este autor, Servant Publications.)

Los controladores son personas que viven por rótulos que incluyen los insultos. El más común que yo veo en el consultorio es cuando el controlador (con frecuencia el hombre), le dice a su esposa: "Ahora no vas a ponerte emotiva conmigo otra vez. Sabes que nunca podemos resolver nada cuando te pones así. Cuando te compongas, entonces tal vez continuemos".

Su estilo de comunicación tiene una característica: Exigente en palabras, intención y tono. Son personas enfocadas en resultados que van al meollo del asunto.

Hay un último factor que usted debe tener en cuenta cuando una relación contenga a un controlador. Es muy difícil que se genere intimidad cuando una parte es extremadamente dominante o controladora y la otra es sumisa. Un controlador no se abrirá ni revelará su vida interior y sus sentimientos por temor a perder la posición de poder o de control. Y la parte sumisa tiene miedo de ser abierta y vulnerable, porque él o ella podría ser atacado y sentirse abrumado por la otra persona. En un libro nuevo *When Love Dies* [Cuando muere el amor], los resultados de la investigación indican que una de las razones principales para que las personas pierdan el amor por su pareja y finalmente se divorcien es una falta de reciprocidad en el matrimonio. La reciprocidad es un respeto por la pareja que se basa en la creencia de que cada persona es igual en la relación. Cuando los actos de reciprocidad faltan en una relación, el amor se muere. La falta de reciprocidad incluye controlar o dominar a una parte o no tomar en cuenta sus creencias, opiniones, deseos, etcétera u obligarla a hacer algo en contra de su voluntad. Es mostrar falta de respeto por quienes son.[3]

Ahora bien, ¿hemos estado hablando acerca de alguien que usted conozca: Una ex pareja, la actual, usted mismo tal vez? Tengamos presente que la mayoría de las personas que quieren controlar son hombres. Con frecuencia se atraen mientras luchan por llenar los lugares vacíos en sus personalidades. En un matrimonio con un controlador, uno termina sintiéndose no comprendido y dominado. Los controladores no se toman el tiempo de alentar y nutrir una relación estrecha. Obtienen la satisfacción de sus propias necesidades y cualquier culpa o vergüenza que pudiera llegar a la superficie se reprime activando la culpa de su pareja.[4]

Si está saliendo con alguien que encaja en este perfil y continua con la relación, pregúntese: "¿Cuál es la necesidad en mí que me atrae a este tipo de persona? ¿Qué espero que haga por mí?" Reflexione sobre cómo será su relación matrimonial dentro de cinco o diez años. ¿Está preparado para el vacío en su matrimonio?

El que se repliega

Hay un estilo más de relacionarse. Esta persona, vive en un castillo de protección construido por ella. Las relaciones cercanas que involucran empatía o compasión no existen. Una persona que se abstiene vive con el temor al rechazo, por lo general debido a una herida profunda del pasado. Él o ella es un sobreviviente, pero uno que ha sido tan perjudicado que no sabe cómo relacionarse eficientemente. Tienen un profundo sentido de la vergüenza y muchos de ellos se protegen evitando relaciones cercanas. No guardan muchas esperanzas de una relación sana.

He visto una cantidad de personas que se repliegan en el consultorio y por lo general es su pareja la que con paciencia y persistencia siguió adelante a fin de que la relación se desarrollara en primer lugar. (Pero con demasiada frecuencia la relación es llevada adelante por una de las partes, aunque esa parte espere que el otro aprenda a responder.) Pero con demasiada frecuencia la persona que va detrás del desarrollo de la pareja se cansa de hacer todo el trabajo y quiere salirse de la relación. Muchas personas que se repliegan son lo que yo denomino "recolectores de culpa". Personalizan los problemas y creen que cualquier cosa que suceda es debido a algo que han hecho mal. Su centro total es en sí mismos. Por este motivo son incapaces de relacionarse eficazmente con los demás. Aparte de la culpa, su vida emocional es chata o no existente. Es como mirar un monitor del corazón de una persona y no ver los picos de cada palpitación, sino una línea plana. Una persona que se repliega ha dedicado mucho tiempo y energía a evitar el dolor y ha hecho un trabajo tan bueno, que también ha matado otras emociones, tales como la esperanza, el gozo y el amor.

Hay varias características que son importantes de identificar. Usted necesita ser conciente de ellas en caso de que esta sea una descripción suya o de alguien con quien puede estar interesado en salir. Las personas que se repliegan son perseguidas por los que creen que pueden sacarlos de este caparazón.

Una persona que se repliega tiene una necesidad de replegar sus heridas internas. Su sufrimiento no es tan evidente como el de la persona que quiere complacer, ni luchan por controlar. Pueden aparentar estar muy centrados. Pero viven con una actitud de resignación. Sienten que nada bueno jamás les sucederá. ¿Por qué soñar cuando los sueños se hacen añicos? ¿Por qué mantener las esperanzas solo para desilusionarse? Muchas personas que se repliegan evitan las relaciones cercanas porque la seguridad proviene de estar distantes. He visto muchos hombres de este tipo que eran perseguidos por mujeres que creían: "Pero él tiene tanta potencialidad. Si solo dejara que Dios se encargara de él, podría ser el hombre que se supone que debe ser. Yo puedo hacer que eso le suceda". Y en su deseo de rehacer, remodelar y cambiarlo, se casan y son generalmente desgraciadas, porque no funciona. Sin embargo, hay algunas parejas que se casan con una persona que se repliega y los dejan ser como son. Pero ese tampoco es un matrimonio.

Tenga presente que el foco del que se repliega es en sí mismo. No será en usted. Socialmente, muchos de ellos no se relacionan muy bien. Están demasiado involucrados en tomarse su propia temperatura emocional y en protegerse.

Las personas que se repliegan tienen un sentido de desvalidez y creen que nada que hagan influirá de manera positiva ni mejorará en mucho su vida. Junto con esto son demasiado cautos en sus relaciones. Si alguien muestra interés en ellos, dudan que sea sincero. Piensan que la otra persona tiene un interés oculto o quiere algo de ellos. Sienten que confiar en la sinceridad de otras personas es un paso tonto porque terminan heridos.

Una característica de las personas que se repliegan que
es la fuente de grandes problemas en matrimonios a lo largo
de los años es la agresividad pasiva. Esta es una resistencia
indirecta, subterránea y sutil pero definida. Es una
preocupación tal que es el tema de muchos libros, incluso
en *Living With the Passive-Aggressive Man* [Vivir con el
hombre agresivo pasivo] de Scott Wetzler. Es un patrón muy
frustrante a la hora de tratar con él. Destruye las relaciones
que de otro modo funcionarían. Hay muchas formas de
conducta agresiva pasiva. Dejar para más adelante es una
opción favorita. Los que posponen dejan para más adelante
responsabilidades o retrasan el hacer algo por otra persona.
Si llegan a buscarlo una hora más tarde, *usted* termina
sintiéndose responsable, porque dicen: "¿Estás seguro de
que dijiste a las 10? Yo estaba seguro de que dijiste a las 11.
Bueno..." Y después de oír esto algunas veces, uno comienza
a dudar de lo que dijo.

Olvidar es otra forma favorita de demostrar resistencia,
porque puede volcarse a la otra persona: "¿Estás *seguro* de
que me lo pediste? o: "Estás *segura* de que esa era la hora
en que acordamos?" Pueden usar su automóvil y dejarlo
todo hecho un desastre y con el tanque vacío. Usan un
cheque y no lo escriben en la chequera. Usted puede estar
hablándoles acerca de algo importante y ellos salen del
cuarto, se levantan y encienden una licuadora ruidosa, se
hacen un trago o aumentan el volumen del televisor.

Parecería que las personas que se repliegan son un poco
masoquistas, porque parecen obtener algo de sentirse
heridos. Tal vez se sientan bien con respecto a sí mismos por
sufrir en silencio y sienten resentimiento hacia la persona
que perciben que las ha herido. Esta es toda la excusa que
necesitan para herir al otro replegándose en la vida de cada

uno de ellos. Si su pareja se siente herida, no espere mucho de ellos. No saben cómo identificarse con usted, debido a su fijación en su propio dolor. Son recolectores de inquina. Cada herida se guarda y se transforma en resentimiento que solo alimenta el patrón del repliegue.

Una de las características más dolorosas y frustrantes es la forma en que se comunican. No oprimen, sino que en cambio huyen o no se comprometen para nada. No invertirán en una opinión ni tomarán una decisión. Se evaden, usan el silencio y abandonan la habitación. Tienen una cantidad de sonidos simples que hablan mucho, tales como suspiros, gruñidos y los sonidos del silencio. Usted pregunta: "¿Qué sucede?" y la respuesta es "Nada" o "Deberías saberlo", o se encogen de hombros mientras salen del cuarto. A veces las personas que se repliegan hacen malas elecciones de parejas matrimoniales porque temen seleccionar a la persona correcta por temor a ser abandonadas. Tienen una perspectiva negativa y expectativas negativas en sus relaciones. Usted puede ser una persona muy positiva y amorosa el noventa y cinco por ciento del tiempo, pero esto será ignorado, porque el que se repliega se fija en el cinco por ciento restante.

Si tiende a ser una persona que se repliega, antes de considerar una relación, busque a un consejero profesional. Su vida puede ser diferente si está dispuesto a darle una oportunidad. Hay dos libros para que lea, uno es *Love's Unseen Enemy* [El enemigo invisible del amor] del doctor Les Parrott III (Zondervan) y *Your Tomorrows Can Be Different Than Your Yesterdays* [Sus mañanas pueden ser diferentes a sus ayeres] de este autor (Revell).

Si está de novio con una persona así, pregúntese: "¿Por qué?" ¿Cuáles son las esperanzas y los sueños para la otra persona después de que se casen? Pídale a la persona que busque ayuda terapéutica antes de que usted siga invirtiendo más tiempo en esta relación.[5]

Luego de ser conciente de los tres estilos de problemas en una relación, quizás se pregunte si alguien es o puede ser sano. Por supuesto que sí. Hay personas sanas, maduras en todas las etapas de crecimiento. Se nos convoca constantemente a crecer en todas las fases de nuestra vida. Pablo dijo: "y renovaos en el espíritu de vuestra mente" (Ef. 4:23).

El amante

El doctor Parrott trata un cuarto estilo sano de relacionarse, que denomina: "El amante". Esta es una persona que es capaz de reflejar el amor *ágape* mencionado en el capítulo anterior. Esta es una persona relativamente libre de culpa. Así es cómo describe a un amante:

Usted puede ser un *amante* si:

— Escucha los sentimientos no expresados detrás del mensaje de una persona.

— Evalúa objetivamente una situación antes de llegar a una conclusión.

— Se da cuenta de que no puede hacer feliz a todo el mundo.

— Disfruta al recibir de otros sin sentirse en deuda.

— No está obsesionado con lo que los demás piensan de usted.

— Se pone en el lugar de los demás.

— Es consciente de sus propias necesidades pero también es sensible a los demás.

— No usa la culpa o la intimidación para conseguir lo que quiere.

— Trata con el conflicto de manera abierta y madura.[6]

¿Puede dar ejemplos de cómo refleja usted cada una de estas características? Si está en una relación actualmente, ¿son estos los rasgos que ve en su pareja y los que ella ve en usted?

Para que una persona sea así, necesita un sentido sólido de seguridad e identidad en Jesucristo. Este tipo de persona sabe quién es y se siente bien respecto de sí mismo. En un matrimonio, esta persona puede aceptar la singularidad de su pareja. Puede aprender de ella. Ser abierto y susceptible, comunicar su necesidad abierta y sinceramente, y por sobre todo, identificarse con usted.[7] ¿Realmente comprende qué significa identificarse o empatía?

Empatía proviene de la palabra alemana *einfulung*, que significa "sentir dentro" o "sentir con". La empatía es ver la vida a través de los ojos del otro, sentir como siente el otro, oír la historia a través de las percepciones de la otra persona. Todos los cristianos somos llamados a la empatía cargando con el peso unos de otros (Gá. 6:2) y regocijándonos con los demás en sus gozos y llorando con los demás en su dolor (Ro. 12:15).

Algunas personas confunden la empatía con la apatía y la compasión, ya que la primera suena parecida, pero son bastante diferentes. La compasión significa que uno está demasiado involucrado en las emociones del otro. La compasión puede socavar su fuerza emocional de manera que sea incapaz de ayudar cuando más se lo necesita. La apatía significa que no está muy involucrado con los demás. La empatía significa caminar con la otra persona en su mundo interior.

La apatía *no* tiene sentimientos por el otro, que es lo que hacen los controladores; la compasión es sentir *por* la otra persona, que es lo que hacen los que complacen; y la empatía es sentir *con* el otro. La apatía dice: "No me importa", la compasión dice: "Ah, pobrecito" y la empatía dice: "Parece que hoy has tenido un día difícil".

La empatía significa que una persona ve los gozos de su pareja; percibe lo que subyace a esos gozos y comunica esta comprensión. Cuando alguien siente empatía por nosotros, experimentamos la satisfacción de ser comprendidos y aceptados porque otra persona ve nuestro punto de vista. Ese es el tipo de satisfacción que podemos dar a otras personas al expresarles empatía.

¿Qué quiere en su relación? Ahora que es conciente de las posibilidades, es su elección.

Notas

1. Charles Swindoll, *The Quest for Character* [El examen para la personalidad] (Portland, OR: Multnomah Press, 1988), adaptado de la p. 67.
2. Charles Swindoll, *Improving Your Serve* [Cómo mejorar su servicio] (Waco, TX: Word Books, 1981), pp. 116-17. Todos los derechos reservados.
3. Karen Kayser, *When Love Dies* [Cuando muere el amor] (Nueva York: The Guilford Press, 1993), pp. 93-94, adaptado.
4. Dr. Les Parrott III, *Love's Unseen Enemy* [El enemigo invisible del amor] (Grand Rapids, MI: Zondervan Publishing House, 1994), pp. 121-30, 184-85, adaptado. Usado con permiso de Zondervan Publishing House.
5. *Ibíd.*, pp. 143-48, 185, adaptado.

6. *Ibíd.*, p. 158.
7. *Ibíd.*, pp. 158-59, 186, adaptado.

9

Cuando está de novio con la persona equivocada: Cómo salir de una relación

Un grupo de ocho integrantes, entre ellos hombres y mujeres solteros, estaban sentados en un restaurante. Parecían estar celebrando algo. Pero había algo diferente. Todos estaban allí para celebrar el fin de una relación. Cada uno había estado involucrado en una relación sin futuro. Cada hombre y cada mujer del grupo había encontrado el valor para dar el paso decisivo de terminar, y estaban preparados para seguir adelante con la vida de cada uno de ellos. Escuche algunas de sus historias.

> Linda: "No sé por qué seguí tanto tiempo. El segundo mes de nuestra relación supe que no iba a funcionar. Ah, ya saben,

me gusta componer las cosas. Pensé que podía arreglar a Ted. Pero: ¿Cómo se puede arreglar algo cuando ni siquiera saben que está roto? Parecía seguir y seguir. Él estaba contento, pero yo deseaba haber terminado nuestra relación mucho antes. Tal vez estaba cómoda teniendo a alguien cerca. Ted era mejor que nada, pero es cuando me di cuenta de que nada era mejor que él es que me sentí motivada a hacer algo. Ahora puedo seguir adelante con mi vida.

Phil: "Romper una relación no es divertido. Creo que yo estaba tan dolido como ella debía estarlo. Eso es lo que me mantuvo al lado de ella por tanto tiempo. No quería lastimarla. Intenté varias veces, pero no podía soportar verla llorar. Me sentía tan mal. Ambos sabíamos que había demasiados obstáculos, pero seguíamos adelante. Ella me amaba tanto. Me dijo que nunca encontraría a una mujer que me amara tanto como ella lo hacía. Probablemente tenga razón, pero no quería pasar el resto de mi vida con ella. No la amaba. Por lo menos no de la misma manera en que ella me amaba a mí. Simplemente no funcionaba. Ya han pasado dos semanas y mi sentimiento de alivio es ahora más fuerte que mi dolor".

Tina: "Cuanto más salíamos, más entraba en mi vida. Era amable y bueno al principio, pero luego se volvió muy posesivo. Quería dominarme todo el tiempo. No podía ir a ningún lado sin que Bill quisiera estar allí. Me dio tanto y parecía adorarme. Pero su manera de ser me asustaba. No quería que estuviera más con mis amigos y ellos no lo aceptaban. Comenzó a controlarme y a preguntarme a dónde había ido, con quién había hablado, quién había llamado por teléfono. Me decía cosas que me asustaban, como: "No puedo vivir sin ti" y "Eres toda mi vida y fuente de existencia". Siempre me preguntaba a mí misma qué haría él si yo rompía la relación. Bueno, lo descubrí. Se lo tuve que decir personalmente, por teléfono, le envié cartas, pero él no hacía caso. Ignoraba cualquier cosa que yo decía y volvía con "Tú no quieres decir eso. Simplemente estás de mal humor, ¿no?" Y eso realmente me volvía loca. Ni siquiera quiero hablar con él ahora o siquiera reconocerlo cuando viene a verme. Me desagrada ser brusca, pero ¿qué hacer cuando ellos no te creen? Me siento acosada por Bill. Está fuera de mi vida en cuanto a la relación, pero todavía está interfiriendo en mi vida".

Razones para seguir

Probablemente esto le haya sucedido, estar involucrado en una relación que está muerta y usted busca un paracaídas para huir y escapar. Pero junto con el alivio, el hecho de romper trae consigo un aluvión de otros sentimientos. Creo que nunca es fácil romper una relación, incluso cuando sea lo mejor para usted. Se necesitan dos personas para que una relación funcione y usted podría pensar que se necesita solo una para terminar. Pero no es así, se necesita de los dos. La otra persona tiene que aceptar el hecho de que se terminó o pueden arruinarle la vida. Muchas personas luchan con esta decisión. Uno de los principales dilemas que tienen los solteros es que no saben cuándo y cómo decir que no a una relación. Cuando las posibilidades de salir con otra persona son pocas, puede que sienta una presión adicional para permanecer en una relación. Puede que la persona no sea maravillosa, pero es mejor que estar solo.

¿Qué le impide terminar una relación que usted no quiere o que no es sana para usted? Con frecuencia uno se engancha con los sentimientos de la otra persona. La mayoría de nosotros no quieren causarle dolor al otro. Sabe que es mejor romper la relación, pero su mente se remonta a los momentos de intenso placer y comienza a escuchar a sus hormonas. Y a veces eso abruma la mejor de sus intenciones. Usted dice: "Bueno, una vez más". Y cada vez puede también intensificar su culpa. Si su pareja es muy seductora y descubre que puede utilizar esta arma para mantenerlo atrapado, estará controlado de más maneras de las que pueda darse cuenta. Y si el sexo es parte de su relación, podría quedarse con la persona que es segura en lugar de correr el riesgo de luchar para encontrar una relación nueva en la que se pueda pescar una enfermedad de transmisión sexual, incluso el SIDA.

Puede que permanezca en una mala relación porque es adicto a la seguridad. Por más mala que sea la relación, las personas se sienten más seguras permaneciendo en una relación de la que conocen algo que arriesgarse a una que es desconocida y que las asusta.

La tensión o la ambivalencia que siente una persona cuando intenta romper una relación puede ser muy intensa para algunos. Una mujer de 30 años describió la combinación de montaña rusa y autos chocadores que sentía cuando luchaba por terminar con una relación:

> Pensé que me estaba volviendo un poco loca. Mis sentimientos eran un torbellino. Un minuto parecía que me deleitaba Terry, pero luego me sentía controlada y oprimida por él. Un minuto lo amaba, pero al siguiente sentía resentimiento por él y por lo que hacía. Ah, era muy atento, eso es cierto, pero no sabía cuándo detenerse. Me sentía invadida por él como si fuera un ejército invasor. Y ahora, cuando intento romper, me siento culpable. ¿Qué me sucede?

Casi sonaba como si ella quisiera estar dentro y fuera de la relación al mismo tiempo y eso confundiría a cualquiera. A veces uno puede ser adicto a una persona aunque la quiera fuera de su vida. Hay tal necesidad de que la vida de uno sea llenada por una persona, que cualquiera sirve.

Muchas mujeres se aferran a relaciones poco saludables. Tienen la esperanza de que de algún modo el hombre cambiará mágicamente y se convertirá en el príncipe encantado. Pero como dijo una personalidad de la radio: "Cuando uno besa a un sapo, no se convierte en príncipe, simplemente tiene fango en su boca".

Piénselo de este modo. Si está luchando para salir de una relación, pero permanece en ella, está más preocupado con obtener sus necesidades a corto plazo que sus metas a largo plazo, tales como el matrimonio. Cuanto más posponga lo inevitable, más se engaña a sí mismo. Se está lastimando más a usted que a la otra persona.

Gene comentó conmigo otro motivo por el cual muchas personas dudan en romper:

Norm, sé qué quiero de una relación. Lo pensé cuidadosamente y tengo mi lista, pero simplemente no estoy seguro de que podré encontrar lo que quiero. Supongo que tengo que ceder, pero es muy incómodo. Algunos días siento que es mejor salir y luego pienso: "No la encontraré en ningún lado", así que no lo hago.

Hacer eso no dura toda una vida.

Veo a una cantidad de solteros permaneciendo en una relación porque creen estar enamorados. El tipo de amor que experimentan, sin embargo, proviene de fracasos del pasado o debido a confundir una relación física con el amor.

Algunas personas viven la vida con la frase: "Pero lo amo..." o "Pero la amo..." Basar una decisión para toda la vida en sentimientos pasajeros, confusos, es una forma de mantenerse en el dolor. He oído tanto a hombres como a mujeres decir: "Simplemente amo a esa persona. Ah, sé que es..., pero..." Las palabras que les he oído utilizar para describir a su pareja oscilaban entre *frío, enojado, iracundo, controlador* y *no comunicativo, distante, abusador* y *violento.* La frase descriptiva se pronuncia y le siguen las palabras: "Pero yo lo amo o la amo". Recuerde: Las palabras "Yo lo amo... o la amo" no borran las palabras descriptivas que se emplearon antes. De hecho, aparte de un cataclismo radical en la vida de esa persona, o de una terapia intensa, no se borrará esa descripción.[1]

Jim Smoke en su ministerio a los divorciados describe de este modo el dilema:

A veces uno está en una relación durante tanto tiempo que lucha entre querer romper en contraposición a ver el esfuerzo y el tiempo que hemos puesto en esto. Tal vez podamos superar las dificultades. O quizás esté recibiendo presión de su familia y de sus amigos. Ellos dicen: "Vamos, ¿cuánto va a llevarles? Sabes que son el uno para el otro. Solo tienen los problemitas típicos que todos tienen. Vayan, aten el nudo" Y uno empieza a pensar: "Bueno, si ellos piensan que somos el uno para el otro, tal vez hay algo que no tenga en cuenta". Pero una presión como esta usted no la necesita. Debe estar seguro. Dejar que otra persona tome una decisión por usted no funcionará ya que ellos no tienen que vivir con la decisión, usted sí.[2]

Luego pasa a describir diferentes formas en las que las personas intentan rescatar a otras, lo que conduce a inmensas luchas por intentar romper una relación para que no conduzca al matrimonio.

Hace años estaba trabajando con una pareja en consejería prematrimonial que había estado junta durante cinco años, pero la relación no funcionaba por una cantidad de diferencias y problemas. Finalmente sugerí que pusieran la relación y el matrimonio en espera y que trabajaran en sus temas individuales. La respuesta que tuve fue: "Finalmente, alguien nos ha dado permiso para *no* casarnos. Hemos tenido esta presión de parte de todos para seguir adelante y atar el nudo". El suspiro de alivio que oí de ellos es un suspiro que muchos experimentan cuando toman esta decisión. Durante un lapso, las familias de la pareja han desarrollado una amistad estrecha y socializan juntos. Entonces la ruptura no es solo la de la pareja, sino podría ser también de la amistad. Y eso, también, puede crear una presión indebida sobre la pareja.

Rescate emocional y financiero

El rescate emocional implica que usted está intentando que se vaya el dolor de la otra persona. Oye la historia dolorosa de la otra persona de una relación que se terminó o de un divorcio trágico y se dispone a rescatarla. Pero con demasiada frecuencia la intensidad con la que se apoya en usted en su estado de vulnerabilidad es abrumadora. O nuevamente, algunas personas gozan que otras personas se apoyen en ellas. Pero solo conduce a una relación enferma.

Alguien que rescata una relación encuentra a una persona nueva antes de estar preparada. Tienen que tener una relación, independientemente de quién es. Veo a muchas de estas parejas simplemente conviviendo. Saben que no van a ninguna parte, pero tienen los consuelos del hogar. Con frecuencia no piensan en romper a no ser que hayan puesto sus ojos en alguien más para poder evitar el tiempo de transición vacío.

He visto a madres solteras involucrarse en una relación porque son rescatadas financieramente por los hombres. Las madres divorciadas pasan momentos difíciles con su condición de vida reducida. Es duro resistirse a la ayuda financiera, pero por lo general hay cuerdas atadas. ¿Cómo romper una relación cuando uno sabe que perderá varios cientos de dólares de manutención por mes? Y sin embargo, ¡usted no querría pasar el resto de su vida con esa persona![3]

¿Cuándo se termina una relación?

Si es ambivalente acerca de su relación o está luchando por terminarla, tal vez ayudaría hacer una lista de ocho a diez consecuencias de permanecer con la persona. Quizás al ver las consecuencias en el papel lo motive a actuar. Al mismo tiempo, haga una lista de lo que está obteniendo de esta relación que sea: 1) sano para usted; 2) que mejore su camino y testimonio cristianos y 3) que le haga ir barranca abajo de todos modos. ¿Es esto lo mejor para usted o le podría ir mejor? ¿Dónde está la voluntad de Dios en todo esto? ¿Qué le está diciendo Él? Estas son algunas preguntas a tener en cuenta:

1. ¿Qué no es o no hace su pareja que usted quiere que sea o haga?
2. ¿Hace cuánto que está pensando en terminar la relación?
3. ¿Qué tendría que suceder para que piense que podría funcionar?
4. ¿Con qué frecuencia le ha expresado los temas y preocupaciones a su pareja? ¿Qué ha sucedido desde entonces?
5. ¿Está usted en una situación en la que su pareja está dispuesta a hacer cualquier cosa, pero ya no le importa?
6. ¿Qué hace esta persona por usted cuando está con ella?
7. ¿Su actitud y conducta hacia usted aumenta sus sentimientos positivos respecto de sí mismo?
8. ¿Se siente más atractivo o atractiva al estar con ellos?
9. ¿Alienta sus puntos fuertes o se explaya en sus debilidades?
10. ¿Es usted una mejor persona cuando está con ellos? ¿Es la otra persona digna de confianza?
11. ¿Usted constantemente le da excusas? ¿Usted o la otra persona intentan cambiarse?

12. ¿Su relación con Jesucristo se ve mejorada por estar con esa persona?

Una mujer me dijo: "Es muy duro porque no lo odio. Es una buena persona, pero simplemente no es para mí. Sería todo mucho más fácil si él fuera una rata y yo pudiera despreciarlo, ¡pero no puedo!" Uno no tiene que odiar o siquiera desagradarle una persona para romper la relación. Si la relación no es beneficiosa para usted, entonces no es por la otra persona, independientemente de lo que diga. ¿Alguna vez pensó en esto? También puede terminar una relación cuando quiere a la otra persona, pero sabe que no funcionará para ninguno de los dos. Incluso si le da a su pareja una lista de ocho cosas para cambiar y hace las ocho, lo hace por usted. A no ser que quiera cambiar porque ve el valor, ¿qué le hace pensar que los cambios durarán? He oído a personas decir: "Si la relación debía terminar, entonces no dudaría de mi decisión, ¿no es cierto? Parece que cambio de opinión a cada rato, una y otra vez". Esto es normal. No permita que eso lo detenga.

Una relación se termina y debe cortarse cuando:

1. Usted quiere estar más afuera que adentro de ella. Esta no tiene por qué ser una decisión mutua.
2. Ambos quieren salirse de la relación y no quieren trabajar sobre los temas de conflicto. A veces una pareja dice: "Nos seguimos viendo aunque como 'amigos' puesto que disfrutamos de la compañía del otro". ¿Por qué? Eso le evita invertir tiempo y energía en recuperarse y luego encontrar a alguien que podría ser su compañero para toda la vida.

Quizás el motivo porque quiere terminar con la relación es que le parece injusta. Su pareja puede haber cambiado sus expectativas respecto de usted o puede sentirse amenazada por usted por algún motivo y trata de sabotear sus esfuerzos por crecer y desarrollarse. Usted podría ser la parte que contribuye más a la relación que su pareja, pero él o ella parece satisfecho con su nivel de dar. ¿Amenaza de alguna manera a su pareja o se siente amenazado por ella por algún motivo? Estas señales son señales de peligro.

Tal vez sienta que está dando demasiado. Pero, ¿su pareja le está pidiendo que dé de ese modo o usted elige hacerlo por alguna razón? A veces la otra persona se centra en sí misma o es alguien que toma o podría ser que usted está dando para demostrar su amor y deseo o para aferrarse a su amor. Y esa podría ser una de las razones por las que tiene dificultad para romper la relación.

Romper un compromiso

Quizás una de las relaciones más difíciles de romper sea el compromiso. Es como que cuando se comprometió hizo un anuncio público al mundo: "Voy a casarme con esta persona. Es tan maravillosa. Estoy emocionado". Entonces, ¿qué se dice cuando uno rompe el compromiso? "Cometí un error. No es maravilloso. Algo es drásticamente malo. No lo amo o no la amo. Ella o él no me ama". Tal vez eso es lo que evita que algunas personas den ese paso. Así que en cambio, terminan en un matrimonio difícil o incluso en un divorcio.

Pero así como es doloroso romper un compromiso, no es tan devastador como puede ser un divorcio. A lo largo de los años he oído a muchas personas decir: "Supe durante el primer año que había cometido un error" o "Fue en la segunda semana de la luna de miel que supe que debía haber escuchado esas señales de advertencia dentro de mí".

Quizá la más drástica provino de un joven que se estaba divorciando de su esposa. Dijo que supo apenas se casó con ella que había cometido un error. Y cuando se le preguntó: "¿Cuán pronto lo supiste?", dijo: "Cuando la vi entrando a la iglesia". ¡Qué trágico!

Lamentablemente, muchas personas aún creen que un compromiso tiene el mismo nivel de compromiso que se supone debe tener un matrimonio. No lo tiene. Aproximadamente del cuarenta al cincuenta por ciento de los compromisos en nuestro país se rompen. Durante los últimos cinco años, de todas las parejas que vi en consejería prematrimonial, del treinta al treinta y cinco por ciento decidieron *no* casarse y algunos a último momento. En todos menos en dos casos, la pareja tomó la decisión por sí misma sin que yo tuviera que recomendar ese paso. Un amigo mío me dijo que el ochenta por ciento de las parejas con las que trabaja en consejería prematrimonial toman la decisión de no casarse. Con el correr de los años he visto parejas que cancelaron la boda solo una o dos semanas antes del evento.

Una mujer de alrededor de veinte años se dio cuenta de que no amaba al joven con el que estaba comprometida. Había tenido la esperanza de que después de casados se enamoraría de él. Dos semanas antes de la boda, que hubiera sido un servicio y una recepción muy importantes y elaborados, le dijo a su padre: "Papá, tengo malas noticias para ti. Lo lamento, porque te va a costar mucho dinero por nada, pero simplemente no amo a mi novio. Estaría mal que siguiera adelante con esta boda". Su padre le respondió: "Querida, no te preocupes por el dinero. A mí me preocupa más tu persona y tu felicidad. Sea lo que sea que sientas que es mejor, yo te respaldaré". Y la boda se canceló. Dos años más tarde ella conoció al hombre que se convertiría en su esposo. Su acto desilusionó y le dolió a muchas personas, pero eso es lo que sucede con la mayoría de las decisiones más sabias de la vida.

Usted puede esperar todavía más presión de otras personas cuando rompe un compromiso que cuando rompe una relación a largo plazo. Desearía recluirse para escapar a la vergüenza y a todas las preguntas o incluso ofertas genuinas de preocupación. Pero cuando se rompe una relación, ya sea de largo plazo o un compromiso, es mejor hacerse cargo pronunciando una frase. Esto le ayudará a sentirse más cómodo y también a los demás. Una de las mejores maneras en que he visto suceder esto es haciendo una carta para entregarla a las personas significativas de su vida (amigos y parientes), diciendo qué ocurrió, cómo lo impactó y la mejor forma en que le pueden responder. Las personas han estado haciendo esto durante años cuando experimentan una ruptura, la muerte de un ser querido, un divorcio o incluso tener una persona discapacitada en la familia. Un ejemplo de la carta podría ser el siguiente:

Amado _____ :

Puesto que eres una persona significativa en mi vida, quería comentar contigo un suceso reciente de mi vida que probablemente me afecte durante un tiempo prolongado. Como sabes, he estado saliendo exclusivamente con _____ durante los últimos tres años. Nos pareció a nosotros y a muchas otras personas que estábamos camino al casamiento, pero no parece ser el caso. Yo (o nosotros, dependiendo de la situación), he decidido que sería mejor después de todo este tiempo disolver nuestra relación y que cada uno siga adelante con su vida. Hay motivos para esto y después de pensarlo mucho, de discutirlo y de orar, (yo o nosotros) creo que este es el mejor paso a seguir. Lamento la desilusión que esto pueda causarte así como todo sentimiento de incomodidad que experimentes, puesto que muchos de ustedes son amigos de _____ y de mí. Para algunos de ustedes, esto significará perder la oportunidad de hacer cosas con nosotros como pareja como lo hemos hecho en el pasado. Así que se necesitará cierta adaptación de su parte, como también de la nuestra.

Tal vez se pregunten cómo responderme en este momento y de qué hablar y qué no decir. En realidad, pueden sentirse libres de responderme como lo han hecho en el pasado. Puedo manejar referencias acerca de _____ y de mí. No es algo que deban evitar. Durante un tiempo, puede que evite ir a algunos de los lugares que _____ y yo frecuentábamos mientras me adapto a mi nueva condición. Probablemente no entre en mayores detalles acerca de esta decisión, pero es suficiente con decir que es lo mejor en este momento de mi vida. Gracias por su apoyo y sus oraciones.

Una carta así es genuina y parece no haber demasiado trauma asociado con la ruptura. Si fue traumática, sería útil mencionar que fue devastador y que usted llorará y se sentirá mal de vez en cuando. Hágales saber específicamente qué necesita de ellos y dé a conocer el hecho de que puede estar recuperándose durante varios meses. Por lo general las otras personas tienen un marco temporal para nuestra recuperación que es irreal y deben alterarse sus expectativas.

Habrá amigos cercanos y parientes con los que hablará y entrará en mayor detalle. Pero no todos lo necesitan. También lo protege de tener que comentar la situación varias veces al día. Contarlo una y otra vez puede resultar agotador y doloroso.

El mejor momento para romper una relación

¿Cuándo es el mejor momento para romper una relación? Tan pronto como sepa que no va a funcionar. Debe escuchar a su corazón, a sus pensamientos y a la guía de Dios. Debe confiar en sí mismo. Partes de la relación pueden ser positivas, pero ¿son lo bastante fuertes como para sostener el resto? He conocido a algunas personas que lo saben después de la conversación telefónica inicial, el primer encuentro, a los tres meses, o tres años más tarde. Una vez que lo sabe, entonces el tiempo que espera es derrochado porque retarda su recuperación y por ende su desarrollo de una nueva relación. Lo pensará mil veces y experimentará confusión. Eso es normal. Puede haber una relación en la que nada de esto suceda y usted sepa absolutamente que se terminó. Eso, también, puede ser normal. Cuide las frases que pronuncie que lo mantengan atrapado. Estas incluyen:

"Me desagrada herir a otra persona".

"¿Qué pensarán todos?"

"Y qué si se enojan verdaderamente conmigo? No puedo manejar eso".

"No sé qué decir ni cómo hacerlo".

"Es demasiado difícil".

Cada vez que pronuncie una de estas frases, comenzará a creer en ellas más aún y se volverá más difícil dar ese paso necesario.

Cómo romper una relación

Advierta la importante pregunta: "¿Cómo se rompe una relación?" ¿Cómo dice que no? Tenga en cuenta las siguientes sugerencias:

1. Decida si quiere hacerle esto a esa persona, por teléfono o por carta. Y sea lo que sea que haga, si está decidido a no ver a volver a ver a esta persona, no sea vago ni dé dobles mensajes ni deje la puerta abierta. Así que si su decisión surge en una primera cita o se sigue topando con la persona en el trabajo, cara a cara puede ser lo mejor. Si es una relación de largo plazo, a veces la carta puede ser más fácil para usted ya que la persona no puede responder de inmediato, tiene que pensarlo y no puede presionarlo para que cambie de parecer. Sin embargo, querrá y necesitará hablar con usted en algún momento. Sea lo que sea que haga, no deje que se entere por otra persona.

2. Sea agradable y educado. Puede comentar algo positivo al mismo tiempo que le dice que preferiría no volver a salir con ella. Frases como por ejemplo: "Gracias, pero preferiría que no", funcionan bien. Sin embargo, si usted agrega la frase "ahora mismo" o "en este momento", pensará que su resistencia es solo transitoria y que regresará. No diga: "Volveré a ti" ni "Llámame más tarde", si quiere que esta relación corta o a largo plazo termine.

Pero hágalo en forma genuina. Puede que solo quiera decir: "Gracias por el tiempo que invertiste, pero no estoy interesado en seguir adelante con la relación". No tiene que darle una lista de sus motivos si lo presionan para saber por qué no quiere continuar. Simplemente use la técnica del disco rayado y siga repitiendo su frase palabra por palabra como lo dijo inicialmente. Especialmente en las primeras citas o en las relaciones de corto plazo, no está obligado a dar sus razones. Todo lo que se consigue es darle a la otra persona control o poder sobre usted y luego pueden comenzar a atacar sus razones.

Si se trata de una relación a largo plazo, dar los motivos puede ser útil para el crecimiento personal. Asegúrese de decir que sus motivos son cómo se siente y que provienen de su perspectiva. No espere que la otra persona esté de acuerdo con usted. Puede ponerse a la defensiva e intentar convencerlo en contra de su perspectiva así como también de su decisión. Puede que necesite agregar que usted no quiere discutirlo ni defenderlo y que ya ha tomado su decisión. A veces sirve reconocer los sentimientos de la otra persona y decir que comprende bien que pueda estar sorprendido, herido o enojado. Pero tenga presente que no importa lo que le responda, es responsable de ello. No se haga cargo de sí mismo y cargue culpas ni trate de hacerlo sentir mejor. Si hay algunas cosas que le tenga que devolver, es mejor hacerlo al mismo tiempo. Si hay que mudar cosas, hágalo tan pronto como sea posible.

Si su pareja no ha sido digna de confianza, como por ejemplo mentirle respecto de quién era, de su trabajo o de su posición financiera, sus creencias cristianas, o si su sexualidad lo ha acosado, si tomó y usó dinero, o le fue infiel, debe enfrentarla. He visto demasiadas situaciones en las que la persona partió sin enfrentamiento de por medio. No fue expuesta a lo que fueron. Debe experimentar las consecuencias lógicas y la incomodidad de su conducta pecaminosa, para que experimenten convicción y lleguen a un arrepentimiento genuino o para que otras personas no caigan presas de su patrón de conductas destructivas.

He visto casos en grupos de solteros en iglesias, que por un modelo de conductas no cristianas tales como apropiación de las parejas o los recursos, mala conducta sexual continua o violación se les ha pedido que abandonen el grupo. Y no se necesita que pase mucho tiempo para que se difunda el caso como las razones. He visto algunos casos donde debido a la conducta volátil e impredecible por parte de la persona al recibir la noticia de la ruptura, se les pidió a un pastor o sea a una pareja de amigos cercanos que estuvieran presentes cuando la persona comentó que la relación se había terminado. Esto se hizo por motivos de seguridad.

Lamentablemente, hay personas que no aceptan un "no" como respuesta. Pueden tener una obsesión con usted, ser adictos a tener una relación o simplemente están tan heridos y enojados que pueden hacerle la vida desgraciada. En cualquier caso, están en juego su seguridad, su bienestar, su paz mental y su futuro.

Si necesita ser enfático y afirmativo, planifique de antemano lo que piensa que deberá decir y practique diciendo las frases en voz alta si sabe que le resultará difícil. No puede ser sutil ni parecer incierto, especialmente si la otra persona no quiere oír lo que usted está diciendo o se resiste a toda la idea. No deje que la otra persona lo acorrale o lo ponga en una posición defensiva. Podría usar frases como las siguientes:

"Entiendo que puedes sentirte mal, pero nuestro tiempo juntos se ha terminado. Esto no es algo que quiero discutir, ya que no es negociable".

Si persisten llamándolo a su casa o al trabajo:

"Ahora voy a colgar. No voy a ayudar a que ninguno de nosotros siga hablando y si llamas de nuevo, colgaré el teléfono".

"Por favor no trates de comunicarte conmigo de ningún modo. Es mejor que cada uno vaya por su lado".

"Lo que haces parece un acoso, y si continúas obtendré una orden de exclusión para que ambos podamos seguir adelante".

A veces la pareja renuente cree que conoce sus pensamientos y sentimientos mejor que usted, entonces no registran lo que usted diga. Cuanta más información dé, más alimenta la esperanza de que no es serio lo que está diciendo. *¡Recuerde eso! Es verdad.* Cuanto más explique, más los alienta a persistir. A veces las personas han dicho: "Parece cruel tener que ser así o romper así". Eso no es cierto. Esto es justo y con amor. Lo que es cruel es continuar y prolongar una relación que no va a ninguna parte cuando usted sabe que se ha terminado.

Puede que tenga que dar más pasos para que entienda el mensaje. Esto puede incluir pasos drásticos como usar un contestador telefónico para saber quién llama, cambiar su número telefónico, decirles a los amigos mutuos que lo alerten si su ex pareja entra en actividad o sugerir que no le pidan que vaya a un evento si va la otra persona.

Notas

1. Margaret Kent, *How to Marry the Man of Your Choice* [Cómo casarte con el hombre que tú eliges] (Nueva York: Warner Books, 1984), p. 66, adaptado.

2. Jim Smoke, *Growing in Remarriage* [Cómo crecer en el nuevo matrimonio] (Old Tappan, NY: Fleming H. Revell, 1990), p. 47.

3. *Ibíd.*, pp. 47-51, adaptado.

10

"¿Somos compatibles?"

emos estado saliendo durante tres años. Ya no somos niños, ambos tenemos 32 años. Parece que nos llevamos bien la mayor parte del tiempo, pero me pregunto si somos lo bastante compatibles para hacer que un matrimonio funcione. ¿Usted qué opina?"

¿Qué es la compatibilidad?

Buena pregunta. Sin embargo, puede que le sorprenda mi respuesta. La compatibilidad no es algo que sucede simplemente, uno hace que suceda. Las parejas que están de novios piensan que son compatibles, pero no lo son. Se necesita la relación matrimonial para tener la oportunidad de volverse compatibles y se requiere la primera década de casados para que esto se convierta en una realidad. Se la obtiene a lo largo de un período.

Muchas personas usan la palabra *compatible,* pero no entienden plenamente su significado. El diccionario la define como: "Capaz de convivir armoniosamente, de acuerdo, combinar bien, etcétera".[1] Y la tendencia en la razón para el divorcio en nuestro país es la incompatibilidad.

Para ser compatibles significa que usted y su pareja tendrán que hacer algunos cambios. *Pueden* cambiar. *Van a* cambiar. De hecho, *deben* cambiar si no se estancarán. Y créalo o no, usted cambiará a su pareja. Es posible y es correcto hacerlo. El cambio es uno de los ingredientes de un matrimonio sano. Si no cambiaran, implicaría que son perfectos y no necesitan crecer. ¡Y ambos sabemos la respuesta a esa creencia!

Los matrimonios que reflejan cónyuges compatibles tienen un ingrediente llamado educación mutua. Esto significa que ambas partes se han convertido en maestros habilidosos así como también en aprendices receptivos. Sin esto, una relación podría ser un peligro.

La educación mutua es un proceso cordial. Implica el ejemplo positivo de las actitudes o conductas deseadas para su pareja así como también la disponibilidad para ser flexible y cambiar. También involucra estímulos amables, recordatorios sensatos, aliento, creer que su pareja puede cambiar, evitar echar culpas y censurar. Se concentra en lo positivo. Usted quiere manejar ese cambio para que el resultado final sea positivo.[2]

Si esto es lo que significa ser compatible: ¿Cuáles son las áreas en las que nos tenemos que concentrar? ¿Qué sucede con la atracción física, está allí? ¿Es similar? He hablado tanto con hombres como con mujeres que dijeron que amaban a la otra persona, pero que no se sentían atraídos físicamente por ella. Todo acerca de la relación iba bien, pero la atracción física era baja. ¿Qué espera que suceda físicamente? ¿Podría ser que su nivel de expectativa fuera irreal?

A veces las personas comparan a su pareja con una pareja anterior o con sus fantasías o incluso con sus respuestas al ver materiales pornográficos. No compare. Obstaculizará su relación actual. Es difícil competir con las fantasías o los recuerdos. La atracción y el deseo físicos fuertes por sí mismos no sostienen un matrimonio, como ya lo hemos indicado. Creo que debe haber un interés mutuo hasta el alcance de querer satisfacer sus necesidades sexuales con la otra persona. Una atracción sexual leve y un deseo afín junto con otras áreas de compatibilidad y amistad es una respuesta sana, porque la mayoría del tiempo que pasan juntos en el matrimonio en realidad es no sexual.

Las personas que tienen una fijación o que fantasean con tener encuentros sexuales periódicamente cuando están casados con frecuencia terminan sintiendo: "¿Esto es todo?" Se desilusionan. También tenga presente que probablemente advertirá a otros miembros atractivos del sexo opuesto cuando esté comprometido o casado y se sentirá atraído físicamente hacia ellos. Puede sentir deseo sexual y lo sentirá por más de una persona por vez. Me gusta el pensamiento de un autor que dijo:

> Es la naturaleza del deseo erótico que puede invertirse en una variedad de direcciones, un punto que Pablo parece tener bien presente en 1 Corintios 7. Cuando les aconseja a los cristianos casarse ya que hay tanta inmoralidad, lo que quiere decir no es: "Cásense con la persona que los atraiga tan fuertemente que no puedan pensar en nadie más", sino: "Debido a la posibilidad de múltiples atracciones, decida invertir sus energías sexuales en una persona, su cónyuge". Esto no cambia el hecho de que pueda estar inclinado naturalmente a estar atraído por los demás, pero

sí subraya la necesidad crucial del compromiso y la determinación de no dejar que mis intereses e descarríen fuera de la relación matrimonial.[3]

Y tenga presente que su deseo físico, interés e intensidad fluctuarán después de casado. Eso, también, es normal.

Compatibilidad intelectual

Puesto que la intimidad en varias dimensiones diferentes es el material adhesivo que mantiene a un matrimonio, es importante que las veamos en referencia a la posible compatibilidad. La armonía o compatibilidad intelectual es otro ingrediente, pero no significa que tengan que tener los mismos niveles educativos, la cantidad de diplomas, el interés vocacional, etcétera. Probablemente no verá las cosas de la misma forma ni pensarán lo mismo. Sus estilos de aprendizaje pueden ser diferentes en cuanto uno puede disfrutar de aprender a través de lo que ve y el otro a través de lo que oye. Estar casados proporciona una oportunidad para cada uno de ustedes de crecer intelectualmente y de descubrir también hasta un nivel mayor sus dones espirituales.

Algunos de los que se casan son ávidos lectores y algunos no. Yo soy lector, pero esta no es la forma principal de aprendizaje de Joyce. A veces esto se ve afectado por la disponibilidad de tiempo así como por las carreras vocacionales y el tiempo de la vida. En los últimos años, Joyce ha tenido más tiempo para leer. Ella es la que verbaliza más acerca de lo que ha aprendido que yo, así que aprendemos juntos. Estamos abiertos a ser retados por los conocimientos, los discernimientos y las opiniones de la otra persona, lo que genera un crecimiento en ambos. Respetar las capacidades y las diferencias de su pareja es parte de la compatibilidad intelectual.

Estilos de comunicación

Pero subyacente a esta área y a las demás está la capacidad de comunicarse uno con el otro. Su comunicación es la sangre de la vida de su relación. Cuando se termina, lo mismo sucede con su relación. Puede que piense que se está relacionando con su pareja en este momento, pero ¿realmente es así? Para que se desenvuelva la compatibilidad, cada uno de ustedes esencialmente aprenderá a hablar el idioma del otro. Y el énfasis está puesto en aprender a hacerlo. El motivo por el cual probablemente no hablen el mismo idioma todavía se debe a diferencias de género, de personalidad y en el estilo de aprendizaje. Todos estos se reflejan en sus modelos de comunicación.

Cuando uno se casa, es como si se casara con un extranjero con su propia cultura, conjunto de costumbres y lenguaje. Puesto que cada uno de ustedes está ingresando en una cultura extranjera, piense en los dos tipos de viajeros que visitan países extranjeros: El colonizador y el inmigrante. Un colonizador quiere visitar otro país para experimentarlo desde su propia perspectiva en lugar de hacerlo desde el punto de vista de los habitantes. Al ingresar al país, busca señales de su propio idioma y también busca personas que lo hablen. Busca lo conocido y no se aventura a territorios desconocidos. Ni tampoco intenta aprender incluso lo básico del idioma. Depende por completo de las otras personas de su país que lo pueden guiar e interpretar. Cuando interactúa con los residentes locales, no llega muy lejos, aunque ha estado allí durante meses. Ellos no entienden lo que dice y él no puede comprenderlos tampoco. No es una experiencia feliz para ninguno.

El otro tipo de persona es como un inmigrante. Es algo así como un aventurero. En realidad se prepara para el viaje orientándose a esta cultura extranjera. Lee libros acerca de la cultura, las costumbres, la historia y la comida del nuevo país y hasta intenta aprender frases cotidianas de su idioma. Para poder conversar mejor, puede que tome incluso una clase del idioma antes de partir. Cuando llega a su destino, está ansioso por descubrir todo lo que puede. Busca sitios históricos, prueba toda la comida nueva, lee lo más que puede en el idioma del país y usa sus habilidades nuevas cada vez que es posible. Puede incluso disfrutar de vivir con una familia de ese país durante un tiempo para capturar plenamente el sabor del nuevo mundo.

Mientras el inmigrante intenta hablar el nuevo idioma, las personas responden ayudándolo. Lo ayudan a pronunciar palabras extrañas. Con frecuencia, si son adeptos al idioma del viajero, comenzarán a hablarlo para hacerlo sentir más cómodo. Así, perfeccionan también sus habilidades. Parecen deleitados porque él haya hecho un intento de aprender su idioma y ambos pueden reírse de algunas de sus malas pronunciaciones. El inmigrante la pasa bien, mientras que el colonizador termina sintiéndose frustrado. El ejemplo es tal cual como una relación matrimonial. Cada persona tiene una opción.

¿Qué significa esto en la práctica cotidiana? Observe de cerca las características de su personalidad y la forma en que se comunica. Luego haga lo mismo con su pareja y compárelos. En lo que se diferencian uno del otro, hacen un esfuerzo para aprender cómo tomar esas diferencias y equilibrarlas. Luego adapte su estilo de comunicación con el de su cónyuge. En esencia estará hablando en la forma en que lo hace su pareja y él o ella le reflejará a usted su único estilo propio de hablar.

Hablar el idioma de su cónyuge incluye no solo vocabulario, sino también el empaque de la persona. ¿Qué quiero decir con empaque? Se refiere a si una persona es un amplificador (compartiendo grandes volúmenes de detalles descriptivos) o un condensador (compartiendo un poco más que lo esencial). (Mencioné esto brevemente en el primer capítulo.)

Si su pareja es un amplificador, vaya y expándase. Si él o ella es un condensador, manténgalo breve.

Los amplificadores dan una cantidad de oraciones descriptivas cuando hablan, mientras que los condensadores dan una o dos oraciones. En aproximadamente el setenta por ciento de los matrimonios, el hombre es el condensador y la mujer es el amplificador. Ninguno es un rasgo negativo, pero el amplificador desea que su pareja compartiera más, mientras que el condensador desea que su pareja compartiera menos. Es solo cuando cada uno se adapta al estilo de su pareja que la compatibilidad comienza a suceder.

Si su pareja es un amplificador, dé mucha información y detalles. Sea breve con los condensadores. Siempre puede expandirse si el condensador quiere más. Pero también tenemos que tener en cuenta la preferencia de ver, oír o sentir de alguien. Esta preferencia refleja cómo una persona aprende mejor y es fundamental al aprender a relacionarse o para estar en sincronización uno con el otro.

Hay otras formas en que varían nuestros estilos de comunicación. Estas deben ser alteradas para que sea más fácil comunicarse. Recuerde que al aprender a ser flexible no está negando quién es usted ni aplastando su personalidad. La flexibilidad que aprende al descubrir cómo ser compatible lo ayudará en otras relaciones de su vida, incluso en el mundo de los negocios.

Algunas personas son muy literales cuando hablan. Se apegan al tema y responden cuando se les hace una pregunta. No especulan ni confían en corazonadas. Suelen pasar del punto 1 al 2 al 3 al 4 y terminar con el 5. A veces cuando se les hace una pregunta que necesita mucha explicación, responden en un formato similar al de un artículo del periódico. Dan una oración resumida, luego algunos de los detalles y finalmente se expanden.

Otras, sin embargo, no son literales cuando hablan. Se basan en corazonadas y les encanta especular y considerar todas las posibilidades. Puede que se vayan por las ramas mientras explican algo. No se apegan al tema, sino que en cambio se explayan varias veces. Puede que no terminen una oración antes de pasar a otra y luego a otra. Suelen moverse del punto 1 al 3 al 2 al 4 y luego al 5. Para ellas tiene mucho sentido.

Cuando preguntan algo o expresan un nuevo pensamiento, le dan primero los detalles y luego identifican el tema.

Ahora bien, ¿le suenan conocidos estos dos estilos? Probablemente usted sea uno o el otro, pero no del todo. Tiene ambas capacidades, pero una es la de su preferencia o es su punto fuerte. Puede aprender a usar su no preferencia más de lo que usted cree. Al hacer esto, usted se adapta a la otra persona en su vida, que puede ser lo opuesto a usted.

Hay otro ejemplo de cómo podemos volvernos más compatibles y tiene que ver con la forma en que aprendemos. Usted puede aprender mejor a través de lo que ve o de lo que oye o de sus sentimientos. ¿Sabe cuál es su preferencia? ¿Sabe cuál es la de su pareja? Cada uno de ustedes tiene un sentido dominante que prefiere para comunicarse y recibir comunicación. Pero tiene que volverse conciente de estos para poder adaptar su estilo de comunicación al de su pareja.

Una persona visual se relaciona con el mundo que lo rodea en términos de cómo se ven las cosas para ella. Así es como la persona aprende mejor y el setenta por ciento de las personas son visuales. Cuando imagina, visualiza, y cuando recuerda, recuerda una imagen. Experimenta la vida a través de los ojos. Básicamente es un observador: Películas, televisión, eventos deportivos, personas, exhibiciones o museos, escenario. Probablemente prefiera leer, coleccionar objetos que disfruta mirar, tomar fotos y mirarlo a usted. Con frecuencia le preocupa cómo se ve ante los demás. Una persona visual habla acerca de cómo se ven las cosas en lugar de cómo se siente. Con frecuencia una persona visual suele replegarse y meditar en lugar de hablar del problema. ¿Es esta una persona que conoce?

Las personas visuales prefieren las conversaciones cara a cara en lugar de usar el teléfono y responden bien a los mensajes escritos.

¿Cómo saber si una persona está orientada visualmente? Escuche las palabras que dice. A continuación hay una lista de frases que son más típicas de una persona visual:

Desde mi punto de vista...

Veo a dónde quieres llegar.

Eso parece algo seguro.

Eso es realmente claro para mí.

Lo que estás imaginando es...

No sé; tengo la mente en blanco.

Demuéstrame a dónde quieres llegar.

Hay un patrón claro para esto.

Estoy comenzando a verlo más claro.

Podría usar lo siguiente en respuesta a una persona visual:

Estoy empezando a ver tu punto de vista.

Eso me parece bien.

Lo que me dijiste le da claridad a mi día.

Sabes, me lo puedo imaginar.

Veo lo que quieres decir.

Practique palabras visualmente orientadas, especialmente si son nuevas para usted. Escriba una lista de palabras visuales, tantas como sea posible y busque formas de usarlas en la conversación con su pareja orientada visualmente. Si habitualmente dice "Eso lo siento bien", cámbielo a "Eso me parece bien" cuando está hablando con una persona visual.

Si se va a casar con una persona visual debe adaptarse a su estilo predominante de la percepción. Por ejemplo, si piensan comprar sillas nuevas para la sala, querrá tratar con ellos cómo mejorará la apariencia de la habitación además de cuán cómodas serán las sillas. Si quiere escaparse a un lugar tranquilo sin teléfono y con pocas personas, enfatice los aspectos escénicos del lugar.

El hombre o la mujer auditivos quieren oír sobre la vida. Así es como esta persona aprende mejor y el veinte por ciento de nuestra población recae en la categoría de auditivos. Esta persona se relaciona más con los sonidos que con la vista. Al leer un libro, la persona auditiva oye palabras en silencio en lugar de ver imágenes. Deber contarle a esta persona más de lo que le muestra. Esta persona prefiere hablar acerca de algo que mirarlo. Las conversaciones prolongadas son importantes para los cónyuges auditivos y suelen recordar lo que oyen mejor que otros.

Si quiere expresar sus sentimientos, la persona auditiva lo comprenderá mejor si usted verbaliza cómo se siente. Las personas auditivas oyen igualmente lo que se dice y lo que no se dice y son astutas al detectar cambios en los tonos e inflexiones de la voz.

Las personas auditivas recaen en dos categorías diferentes. Algunas se ven obligadas a llenar los momentos de silencio de la vida con sonido: Hablando, encendiendo el estéreo, tarareando. Pero otras prefieren el silencio. ¿Por qué una persona auditiva optaría por el silencio? Porque muchas de ellas tienen conversaciones internas y los sonidos del exterior son una interrupción. A veces las respuestas pronunciadas intermitentemente de una persona auditiva pueden no tener sentido para usted porque no las relaciona con la conversación que está teniendo lugar en su cabeza.

El romance con una pareja auditiva debe incluir decir cosas como: "Te amo" una y otra vez. Pero cómo lo dice es tan importante como con cuánta frecuencia lo hace. Descubra las palabras, las frases y los tonos que transmitan mejor su amor hablado y úselos con frecuencia.

Estas son algunas de las palabras y frases que usa una persona auditiva:

Eso me suena bien.

Hablemos de esto otra vez.

¡Vaya, eso es música para mis oídos!

Las personas parecen sintonizar con él cuando habla.

La armonía es importante para mí.

Te oigo claro como una campana.

Cuéntame un poco más sobre eso.

Llámame para que podamos discutir la propuesta.

Su tono de voz me llega fuerte y claro.

¿Qué tipo de respuestas debería usar con personas auditivas? El mismo tipo de palabras y de frases que ellos usan. En lugar de preguntar: "¿Te gustaría ver esa película conmigo?", pregunte: "¿Cómo te suena el ir a ver esa película?"

Puede decir: "Cambiar la forma en que nos hablamos suena como un juego sin sentido que requiere mucho trabajo". Trabajo sí, juego no. La comunicación eficaz requiere ser sensible a y adaptarse diligentemente a la singularidad de su pareja. Al aprender nuevas formas de hablar subimos de nuestras maneras de comunicación y nos volvemos más flexibles. Cambiar su estilo de comunicación puede influir entre mantener la atención de la otra persona y ser ignorado.

Algunas personas suelen estar orientadas a los sentimientos, si bien esto se aplica más a las mujeres que a los hombres. (Cuando se trata de aprender, solo el diez por ciento recae en este estilo de aprendizaje aunque muchas más están orientadas hacia los sentimientos. Así, una persona visual también puede ser muy sensible.) Las personas orientadas a los sentimientos suelen tocar mucho. Con frecuencia desean desarrollar relaciones profundas.

Las personas orientadas hacia los sentimientos con frecuencia muestran lo que sienten aunque muchas de ellas también las muestran con palabras. Por lo general uno puede leer felicidad, tristeza, enojo, amor o deleite en el rostro de cada una de ellas u oír estas emociones en el tono de sus voces. Y se preocupan acerca de cómo se sienten los demás respecto de ellas. Un hombre orientado hacia los sentimientos que puede verbalizar eficazmente sus emociones puede ser uno de los maridos más fáciles con los que vivir.

La persona orientada hacia los sentimientos con frecuencia usa las siguientes palabras y frases:

Tengo buenas vibraciones respecto de esto.

Tengo un sentimiento acerca de eso.

Me gusta acercarme a ti.

Esa persona era tan sensible.

Hoy estoy tan feliz. Ayer me sentía infeliz.

Me gusta estar cerca de ti.

También oirá palabras como *tocar, tenso, presión, herido, sensible, suave, cálido* y *relajado* de personas sensibles. Mientras que la persona visual dice: "Me parece bien" y la persona auditiva dice: "Me suena bien", la persona sensible dirá: "Lo siento bien". "Estoy cómodo con eso" o "Comprendo cómo te sientes".

Si su pareja es visual, no le exija que se abra y responda en un nivel de sentimientos. Primero, él o ella debe relacionarse con usted en un nivel visual para sentirse cómodo. Si sus sentimientos se comparten en forma progresiva, en un estilo visual, su pareja comenzará a relacionarse con usted. No es siempre la manera más sencilla para una persona visual de expresar sus sentimientos en palabras.

Explíquele a su pareja que puede ver sus sentimientos aunque no los expresen. Pregúnteles cómo les parecen las cosas a ellos en lugar de cómo se sienten. Con el tiempo puede preguntar: "¿Cómo expresarías eso si tuvieras que usar mis palabras de sentimiento?" y es posible que él o ella pueda hacerlo.[4]

Esto es solo una introducción al proceso. Yo alentaría a cualquier persona, sin importar la edad, a leer los capítulos 4 al 9 de *How to Change Your Spouse Without Ruining Your Marriage* [Cómo cambiar a su cónyuge sin arruinar su matrimonio] de Gary Oliver y este autor (Servant Publications, 1994) y *TypeTalk* [Manera de hablar] de Otto Kroeger y Janet M. Thuesen (Delecarte).

Compatibilidad emocional

La compatibilidad emocional es una conexión tan importante que si no está presente o su potencialidad no está allí, cualquiera de lo siguiente podría suceder si se casa:

1. Podrían terminar como dos solteros casados que viven en forma separada.
2. Usted o su cónyuge podrían estar hambrientos emocionalmente y vulnerables a una aventura amorosa.
3. Podrían terminar divorciándose.

He visto suceder todo lo que he mencionado y a veces las tres cosas en el mismo matrimonio. Es muy triste. Quizá el retrato descriptivo más vívido que describe la profundidad del vacío que puede darse en tal matrimonio provenga del epitafio de una lápida en San Antonio, Texas. Fue descrita por Max Lucado en su libro *Six Hours One Friday* [Seis horas de un viernes]:

> Entonces lo vi. Estaba grabado en una tumba en el extremo norte del cementerio. La piedra marca el destino del cuerpo de Grace Flewellen Smith. No figura la fecha de nacimiento, ni tampoco la de la muerte. Solo los nombres de sus dos esposos y este epitafio:
>
> "Duerme, pero no descansa.
>
> Ama, pero no fue amada.
>
> Trató de complacer, pero no complació.
>
> Murió como vivió: Sola".[5]

Muchas personas han vivido de este modo. Dudo que usted lo quiera. Cuando realizo consejería antes del matrimonio, es posible predecir de antemano qué parejas son en las que no existe la intimidad emocional o es evidente la potencialidad de su ausencia en el matrimonio. A algunas parejas les impacta esto. He visto parejas trabajar en la intimidad emocional hasta que sucede, mientras que otras la posponen para poder reevaluar y algunas se terminan.

Las mujeres tienden a ser más adeptas a compartir sentimientos y a sintonizar emocionalmente con su entorno. Tienen un sentido elevado de la intuición. Es la forma en que Dios las creó. Y la sociedad alienta y refuerza esta tendencia. Los hombres tienen otros puntos fuertes y tienen que trabajar en esta área de su vida. Por lo general no sucede naturalmente. La mayoría de los hombres han sido criados para ser discapacitados emocionales. No hemos tenido buenos ejemplos para imitar y no hemos sido alentados a ser concientes de nuestros sentimientos ni a desarrollar un vocabulario para usar. Pero este problema se puede corregir. Es posible que cualquiera aprenda, si así lo desea.

Tal vez las personas no emocionales nunca harán coincidir con su pareja orientada a los sentimientos, pero pueden desarrollar lo suficiente para volverse compatibles emocionalmente. Yo aliento a los hombres a trabajar con tres recursos antes de casarse. Dos son libros: *If Only He Knew* [Si él solo lo supiera] de Gary Smalley y *Real Men Have Feelings Too* [Los verdaderos hombres también tienen sentimientos] de Gary Oliver. El otro es una serie de vídeos de Stu Weber, *Tender Warrior* [El guerrero tierno]. La ayuda que ofrecen estos recursos ha marcado grandes diferencias en muchos matrimonios.

Compatibilidad espiritual

Aún más importante que la dimensión emocional es la espiritual. Para que se produzca la compatibilidad, se necesita más que ustedes dos conozcan y amen a Jesucristo como su Salvador y Señor. Solo porque pueden ser compatibles aquí no significa que todos sus conflictos desaparecerán. Esta es solo un área. Ser espiritualmente compatibles no se mide por el hecho de que ambos pertenezcan a la misma iglesia, les guste asistir a la iglesia tres veces por semana o tengan los mismos dones espirituales. La personalidad única de cada uno de ustedes entra a jugar en términos de cómo se experimenta y se expresa su fe. Hay muchas diferencias que no niegan la compatibilidad.

Desde mi perspectiva, así es cómo veo la compatibilidad espiritual: Las creencias son vitales. Estas incluirían que cada uno de ustedes tenga una relación personal con Jesucristo que tenga un deseo de seguirlo y un deseo de que los demás también lleguen a conocerlo. La importancia y el valor que cada uno de ustedes coloca en las Escrituras como la guía para su vida son parte de la compatibilidad. Pero esto también permite una diversidad. Uno de ustedes puede ser pretribulacionista en su teología y el otro, postribulacionista, pero respetan la perspectiva de cada uno en un área donde hay diferencias. Uno de ustedes puede leer las Escrituras media hora por día y el otro cinco minutos. Uno de ustedes puede escuchar la radio cristiana todo el día y el otro de vez en cuando. Estas diferencias no son una medida de madurez o compatibilidad espiritual. ¿Respetan la singularidad espiritual de cada uno en cada área, tal como el tipo de música cristiana que escuchan, disertadores que prefieren, forma de adoración, etcétera?

Creo que un tema clave es la capacidad de comunicarse acerca de su vida espiritual entre sí. ¿Pueden tratar *juntos* las Escrituras o participar de estudios bíblicos? ¿*Comparten* peticiones de oración y oran juntos así como uno por el otro? ¿Hay dudas o resistencia cuando comparte pensamientos, preocupaciones o creencias espirituales? ¿Cada uno toma la iniciativa de alentar uno al otro para crecer espiritualmente? ¿Consideran los dones espirituales de cada uno y se alientan entre sí para reforzar y reflejar el significado de la compatibilidad espiritual? Es mejor ver esto desarrollarse antes de casarse como uno de los elementos que los atraen.

Un ultimo pensamiento a tener en cuenta es el de crear una enunciación de misión para su matrimonio. Las iglesias crean enunciaciones con el objeto de reflejar cuál es su propósito o su meta. Para dos creyentes, una enunciación de misión que refleje el propósito y la dirección espiritual de su matrimonio tendería a mantenerse en rumbo espiritualmente mientras avanzan por los años de matrimonio. Un libro que puede ayudarlos a hacer esto es *Total Life Management* [Gestión total de la vida] de Bob Shank (Multnomah Press, 1990).

Expectativas y metas

Otra área para tener en cuenta es todo el reino de los valores y las metas. Una de las experiencias de aprendizaje en la consejería antes del matrimonio es que cada persona identifique sus expectativas y metas para el matrimonio. Al hacerlo de antemano, aclara lo que es importante para cada persona y hacia dónde ven que se dirige el matrimonio.

Ustedes pueden hacerlo también. Comiencen cada uno escribiendo de 20 a 25 expectativas que tienen para su pareja así como también para el matrimonio. Luego miren la lista del otro y respondan las siguientes preguntas (son escritas para una pareja comprometida):

1. ¿Tenemos ambos expectativas en esta área?
2. ¿Tengo las mismas expectativas para mí mismo que las que tengo para mi novio o novia? ¿Por qué no?
3. ¿En qué se parecen o en qué difieren nuestras expectativas?
4. ¿Las expectativas de quién son más fuertes?
5. ¿Las expectativas de quién se cumplen con mayor frecuencia? ¿Por qué? ¿Por qué esa persona es mayor, más fuerte, más inteligente, hombre, más poderosa?
6. ¿En dónde se originan mis expectativas? ¿De los padres, de la iglesia, de los hermanos, del vecindario donde crecí?

7. ¿Mis expectativas son más dignas de cumplirse que las de mi novio o novia?
8. ¿Todas las personas que conozco tienen las mismas expectativas en un área dada?
9. ¿Tengo "derecho" a mis expectativas?
10. ¿Estoy obligado a cumplir con las expectativas de mi cónyuge?[6]

Ahora tomen cada expectativa y respondan lo siguiente:

1. ¿Está esta expectativa que tengo de mi novio o novia respaldada por una realidad objetiva? ¿Es objetivamente cierto que él o ella deba actuar de ese modo?
2. ¿Me siento dolido de alguna manera o forma si esta expectativa no se cumple?
3. ¿Es esta expectativa fundamental para el logro de una meta específica que tengo para mi matrimonio?
4. ¿Qué hace esta expectativa a la percepción que tiene mi futuro cónyuge de mí?
5. ¿Esta expectativa me ayuda a lograr el tipo de respuestas emocionales que quiero para mi cónyuge y para mí en el matrimonio?[7]

Evaluar expectativas es una forma de elaborar esas diferencias que podrían interponerse entre ustedes. Sí, pueden elaborar una solución que satisfaga a ambos. Deben evaluar y aclarar todo, ¡quiero decir *todo*! Esto incluye gustos en la comida, estilos de cocina, nivel de prolijidad, la hora en que se van a la cama y si es juntos o separados, el gusto en la decoración interior, el monto que gastan en regalos, cuán importante les es recordar los cumpleaños y aniversarios, el nivel de ruido en el hogar, frecuencia y tipo de programas de televisión, etcétera. Esto puede sonar mundano, pero no creerían la cantidad de matrimonios que terminan debido a estos conflictos. Si algún asunto no es importante o significativo para usted, pero lo es para su pareja, entonces tiene que volverse más importante para usted. Esto es parte de su proceso de crecimiento y aprendizaje.

Luego observe sus metas escribiéndolas y tratándolas. Tengan presente que una meta es algo que esperamos que suceda en el futuro. "Es, pues, la fe la certeza de lo que se espera..." (He. 11:1).

Todos tenemos metas y sueños.

Las metas le dan un sentido de dirección. No son lo que *sucederá,* sino lo que usted espera lograr. Debido a que están orientadas al futuro, lo pueden sacar de algunas dificultades de su situación actual. Su centro puede estar en esperanzas positivas por venir. Como cristianos vivimos en el presente y en el futuro. Las Escrituras nos advierten que tengamos propósitos y dirección para nuestra vida: "...olvidando ciertamente lo que queda atrás, y extendiéndome a lo que está delante, prosigo a la meta..." (Fil. 3:13, 14). "El corazón del hombre piensa su camino; mas Jehová endereza sus pasos" (Pr. 16:9). Una vez que establecemos metas, nuestros pasos pueden dirigirse al Señor.

Las metas lo ayudarán a usar su tiempo más eficientemente, puesto que lo ayudan a clasificar lo que es importante y lo que no lo es. Si usted sabe lo que tiene intención de hacer o necesita hacer, es mucho más sencillo seguir el rumbo.

Tengo una lista de exigencias sobre mi tiempo para ministrar a los demás. Hace algún tiempo resolví cuánto tiempo tengo disponible para mi ministerio cada mes, lo que creo que debe lograrse durante esos momentos de ministerio y cómo lograr los objetivos. Es mucho más fácil ahora evaluar solicitudes y decir no a los que podrían distraerme de la meta original dirigida hacia Dios.

Mientras decidimos sobre las metas, debemos darnos cuenta de que una meta es un acontecimiento en el futuro que puede lograrse y medirse. Si digo que quiero ser un buen nadador, estoy enunciando un propósito. Si digo que quiero nadar seis largos en una piscina de tamaño olímpico para el 1 de julio, estoy enunciando una meta.

Estas son las características de metas bien enunciadas:

1. *Una meta debe enunciarse en términos del resultado final.* Ejemplo: Dedicar dos horas por semana a una comunicación directa, cara a cara con mi esposa.
2. *Una meta debe ser posible de lograr en un período definido.* Ejemplo: Dedicar dos horas a la semana a una comunicación directa, cara a cara con mi esposa hacia fines de febrero.
3. *Una meta debe enunciarse con precisión en términos de cantidades cuando sea aplicable.* Ejemplo: Dedicar dos horas a la semana en una comunicación directa y cara a cara con mi esposa para febrero.
4. *Una meta debe tener una meta o enunciación importante* y no varias.

¿Cómo determino la voluntad de Dios?

Habiendo observado estas preocupaciones, hay otra que es el factor decisivo para saber si uno es compatible o no. La cuestión principal tiene que ver con la voluntad de Dios para su vida y para su cónyuge. Después de que todo se ha dicho y hecho, ¿dónde entra la voluntad de Dios en toda esta discusión? Es central, es fundamental y es el aspecto más importante.

Consideremos algunos de los pasos comprendidos en este proceso. El primer paso es desear la voluntad de Dios para su vida. Al decir esto significa entregar su vida a Dios y pedirle que sea el agente de dirección. Dereck Prince en su libro *God Is a Match Maker* [Dios es un casamentero] sugiere lo siguiente respecto de lo que sucede cuando uno se entrega a Dios:

> En respuesta a su entrega, Dios hará por usted lo que no puede lograr mediante un esfuerzo de su propia voluntad: Él renovará su mente. Él cambiará la manera en que usted piensa. Esto incluye sus metas, sus valores, sus actitudes y sus prioridades. Todo se alineará con los de Dios mismo.
>
> Este cambio interno encontrará expresión en su conducta externa. Ya no será "conformado", actuando como las personas no regeneradas que lo rodean. En cambio, será "transformado" y comenzará a demostrar en su conducta la propia naturaleza y carácter de Dios.
>
> Hasta que comience a experimentar esta renovación de su mente, hay muchas cosas maravillosas que Dios ha planificado para usted que usted no puede descubrir. En Romanos 8:7, Pablo llama a la mente antigua, no renovada, "la mente carnal" que "no se sujetan a la ley de Dios, ni tampoco pueden". Dios no revelará sus secretos ni abrirá sus tesoros a una mente que no se ajuste a Él. Pero cuando la mente de usted es renovada, comenzará a descubrir todo lo que Dios ha planificado para su vida.
>
> Esta revelación del plan de Dios a su mente renovada será progresiva. Pablo usa tres palabras para esto:

Buena, placentera, perfecta.

Su primer descubrimiento será que el plan de Dios para usted siempre es *bueno*. Dios nunca planifica cosas malas o perjudiciales para ninguno de sus hijos. No simplemente es *bueno* el plan de Dios, también es *placentero*. La entrega total a Dios es la puerta a una vida llena de retos y placeres que no pueden experimentarse de otro modo. Con los años he conocido a muchos cristianos que hicieron este tipo de entrega. Nunca conocí a ninguno que lo lamentara. Conozco a otros cristianos, por otra parte, que fueron retados a hacer esta entrega y se negaron. Casi sin excepción, terminaron frustrados e insatisfechos.

Al continuar progresando en su descubrimiento del plan de Dios, irá más allá de lo *bueno* y lo placentero a lo *perfecto*. Si se lo abraza plenamente, el plan de Dios es perfecto. Completo. No hay omisiones. Cubre cada área de su vida, satisface toda necesidad, satisface cada ansia.

Si el matrimonio es parte del plan de Dios para usted, entonces puede confiar que Él trabajará en cada detalle, tanto para usted como para la pareja que Él ha destinado para usted. Él lo acercará a una persona que es exactamente apta para eso, juntos, pueden experimentar el matrimonio como Dios lo diseñó originalmente. Esto será en un nivel más elevado que el mundo jamás soñó.[8]

Un segundo paso es practicar la obediencia a la voluntad de Dios en cada área de la vida. "Lámpara es a mis pies tu palabra, y lumbrera a mi camino" (Sal. 119:105).

El paso siguiente es entablar relaciones con creyentes, porque los matrimonios suelen desarrollarse a partir de relaciones existentes. Esto es una salvaguarda en contra de casarse con un no cristiano. "pero si andamos en luz, como él está en luz, tenemos comunión unos con otros..." (1 Jn. 1:7).

Una cuarta pauta es buscar al Espíritu Santo para que lo guíe. Reconozca su dependencia con el Espíritu Santo y sea sensible a su dirección. Por lo general la expresión del Espíritu Santo es tranquila y amable. "Porque todos los que son guiados por el Espíritu de Dios, éstos son los hijos de Dios" (Ro. 8:14).

Otro paso es observar lo que permite entrar a su corazón así como también lo que sale de él. Si usted se permite fantasías o material sexual explícito, esto puede torcer su perspectiva de lo que está buscando. Y entablar relaciones sobre la base de seducción o intimidad física puede evitar que encuentre a la persona que está buscando. "Sobre toda cosa guardada, guarda tu corazón..." (Pr. 4:23).

Uno de los pasos más difíciles es estar dispuesto a esperar a Dios. Nos volvemos impacientes y tomamos los asuntos en nuestras propias manos. Cuando espera, no solo se prueba su fe, sino que sus motivos atraviesan también por la purificación. También construye la cualidad del carácter de la madurez, "sabiendo que la prueba de vuestra fe produce paciencia. Mas tenga la paciencia su obra completa, para que seáis perfectos y cabales, sin que os falte cosa alguna" (Stg. 1:3, 4). Esperar vence las distorsiones erráticas que pueden ser una parte del ánimo y de las emociones. Este versículo es nuestro recordatorio: "Ni nunca oyeron, ni oídos percibieron, ni ojo ha visto a Dios fuera de ti, que hiciese por el que en él espera" (Is. 64:4).

Busque la sabiduría de otras personas, tales como amigos y familiares. Incluso la investigación secular ha demostrado la sabiduría y el valor de hacer esto. "El camino del necio es derecho en su opinión; mas el que obedece al consejo es sabio" (Pr. 12:15). "El necio menosprecia el consejo de su padre; mas el que guarda la corrección vendrá a ser prudente" (Pr. 15:5).

Finalmente, recuerde que es el Señor el que da el don de un esposo o una esposa. Aborde toda situación y decisión con la pregunta: "¿Qué complacerá al Señor?"[9] El salmista describió esto en el Salmo 37:4: "Deléitate asimismo en Jehová, y él te concederá las peticiones de tu corazón". "El que halla esposa halla el bien, y alcanza la benevolencia de Jehová" (Pr. 18:22).

Usted puede estar preguntando: "Pero, ¿hay otras pautas o principios que podría seguir para encontrar la voluntad de Dios?" Esta es otra forma de observar a este proceso.

Jim Dobson ha sugerido algunos principios básicos para reconocer la voluntad de Dios para cualquier área de nuestra vida. Estos principios deben aplicarse a cualquier impresión que una persona pudiera tener respecto del matrimonio.

¿Es bíblica la impresión? La guía de Dios siempre está de acuerdo con su Palabra. Si un cristiano está considerando casarse con un no cristiano, no tiene sentido orar por la voluntad de Dios; las Escrituras son claras respecto de esta situación. Al buscar en las Escrituras, los versículos deben tomarse dentro del contexto, no como un muestreo aleatorio.

¿Es providencial? Toda impresión debe considerarse a la luz de las circunstancias providenciales. ¿Las puertas necesarias se están abriendo o cerrando? ¿Dios está hablando a través de los acontecimientos?

¿Es la impresión razonable? ¿Tiene sentido la impresión? ¿Es coherente con el carácter de Dios requerirla?

Si una persona tiene muchos sentimientos mezclados acerca de casarse con la otra persona, si no hay paz respecto de lo que está por venir y si la mayoría de los amigos y parientes se oponen a la boda, la decisión debe ser reconsiderada.[10]

En otra forma un poco diferente de mirar esto, un consejero identifica cinco voces que el creyente puede escuchar para afirmación de su capacidad para hacer decisiones. Él compartió estos principios en uno de sus mensajes a su congregación. Ninguna voz debería cargar con el peso total de elegir un compañero para toda la vida. La primera voz es la de las Escrituras mismas. El equilibrio que las Escrituras trae a nuestros intentos de elegir una pareja para toda la vida nos conduce a equilibrar todas las áreas de nuestra vida. Es fácil sentirse infatuado con muchas personas con las que tenemos comunicación. También es fácil pensar que nos hemos enamorado por completo de esas mismas personas. Podemos sentirnos atraídos a creyentes y a no creyentes por igual. Las Escrituras nos ayudan a obtener una perspectiva sobre el tipo de persona con la que debe casarse el creyente. Claramente declara: "No os unáis en yugo desigual con los incrédulos; porque, ¿qué compañerismo tiene la injusticia con la justicia? ¿Y qué comunión la luz con las tinieblas?" (2 Co. 6:14). En consecuencia, el creyente no tiene libertad verdadera, salvo de elegir un creyente como su pareja.

La segunda voz es esa "pequeña voz silenciosa" que es el Espíritu de Dios guiándonos desde dentro, ese sentimiento interior que dice: "Lo que estás por hacer está bien". Es importante recordar que al determinar la voluntad de Dios para una decisión tan importante como la elección de un compañero para toda la vida, cada voz se verifica cuidadosamente con las otras.

La tercera voz se basa en circunstancias providenciales y de experiencia. La voz se oye cuando estamos en el cortejo y vemos cada vez más que esta persona puede ser en verdad la pareja que Dios ha convocado para que sea nuestra compañera de toda la vida, el padre o la madre de nuestro hijo y el que nos proveerá y nutrirá durante toda una vida.

La cuarta voz con frecuencia está encerrada en una celda construida a partir de nuestras propias emociones. Se ha dicho que cuando llega el amor, la razón huye por la puerta. Debemos darle una consideración profunda y de oración a la persona con la que podamos elegir y finalmente es nuestra opción en cuanto a quién será nuestro compañero de vida.

La quinta voz puede en realidad ser un coro de voces. Es la afirmación que nos dan otras personas que juegan papeles significativos en la vida de cada uno de nosotros.

Piense en todas estas sugerencias. Recuerde integrarlas en cómo va a construir compatibilidad con esa persona especial.

Recuerde que Dios quiere cumplir todos los planes y propósitos que Él tiene para su vida. Tenga también en cuenta unas pocas palabras más de Dereck Prince: "Recuerde que de ahora en adelante usted no toma sus propias decisiones. Descubre las decisiones de Dios y las hace suyas".

Hay otra cosa más para recordar: "Dios le da lo mejor de sí a los que le dejan su opción a Él".[11]

Notas

1. *Webster's New World Dictionary, Third College Edition,* Victoria Neufeldt, ed. (Nueva York: Prentice Hall, 1994), p. 284.

2. Jeanette C. Laver y Robert H. Laver, *Till Death Do Us Part* [Hasta que la muerte nos separe] (Nueva York: Harrington Park Press, 1986), pp. 153-54, adaptado.

3. Blaine Smith, *Should I Get Married?* [¿Debería casarme?] (Downers Grove, IL: Intervarsity Press, 1990), p. 92.

4. Gary J. Oliver y H. Norman Wright, *How to Change Your Spouse* [Cómo cambiar a su cónyuge] (Ann Arbor, MI: Servant Publications, 1994), pp. 116-21, 174-83. Usado con permiso.

5. Max Lucado, *Six Hours One Friday* [Seis horas de un viernes] (Portland, OR: Multnomah Press, 1989), p. 36.

6. H. Norman Wright, *So You're Getting Married* [De modo que se va a casar] (Ventura, CA: Regal Books, 1985), p. 108. Usado con permiso.

7. *Ibíd.*, p. 109.

8. Derek Prince con Ruth Prince, *God Is a Match Maker* [Dios es un casamentero] (Grand Rapids, MI: Chosen Books, 1986), pp. 54-56.

9. *Ibíd.*, pp. 70-80, adaptado.

10. James Dobson, *Dr. Dobson Talks About God's Will* [El Dr. Dobson habla acerca de la voluntad de Dios] (Glendale, CA: Regal Books, 1974), pp. 13-21, adaptado.

11. Prince, *God Is a Match Maker* [Dios es un casamentero], p. 57.

La segunda vuelta

"Norm, me voy a casar... de nuevo. ¿Qué debo saber?" Esta es una pregunta común, una pregunta que se impone y una pregunta abrumadora. Por cierto necesita y merece una respuesta. Usted puede ser el que se case de nuevo o puede que se esté casando con alguien que se casa de nuevo. O podría ser que este capítulo no le incumbe para nada. Si es así, puede ser útil para alguno de sus amigos.

Lo que se dice en las siguientes páginas no tiene la intención de desalentarlo ni descorazonarlo acerca de un matrimonio en el que una persona ha estado casada anteriormente. Es simplemente para prepararlo de antemano a fin de que sea plenamente conciente y se haga cargo de su vida y de su nueva relación.

Si está preparado para volverse a casar significa que ha emergido de ese valle oscuro, que produce temor y que la mayoría de las personas experimentan durante y luego de un divorcio. Con suerte, ha podido rehacer su vida sin ataques de su ex pareja. Tantos divorcios que he visto me recuerdan a un país que se divide en dos, pero que tiene ataques de guerrilla sobre el otro.

En muchos casos, el divorcio puede dejarlo con un sentido terrible de fracaso y culpa. Encontrar su camino de regreso a la estabilidad puede dejarlo destrozado, cuestionando su sanidad y sus capacidades o puede dejarlo más fuerte y más sabio. No será la misma persona que fue en su primer matrimonio. El lapso entre matrimonios es un período sumamente significativo en su vida, especialmente para el futuro. La recuperación de cualquier trauma serio nunca es fácil y durante un tiempo con frecuencia involucra dos pasos adelante y un paso atrás.[1]

Etapas de recuperación

Luego de su divorcio, muy posiblemente atravesó cuatro etapas distintas. La primera fue: "Recordar el dolor". En ese momento, si le venía a la mente el pensamiento de una nueva relación era como echar sal en una herida abierta, dolía demasiado. Su divorcio puede haber sido reciente y doloroso. Cada vez que veía a una pareja junta que parecía feliz, surgía una cantidad inmensa de sentimientos. Se sentía como media persona.

Luego pasó a una nueva etapa de "Aceptación de ser soltero de nuevo". Su dolor disminuyó y mantenía la cabeza fuera del agua para ver cómo era este mundo nuevo. Descubrió que no estaba solo, pero puede haberse sentido frágil. Pregunta tras pregunta le venían a la mente: "¿Cómo me vuelvo a relacionar con los demás? ¿Puedo atraer a alguien? ¿Quién podría quererme?" Un compromiso nuevo y profundo era inconcebible. El mayor peligro en ese momento era el sexo. Sentirse deseado y cercano de nuevo podría haber chocado con sus valores cristianos.

En la tercera etapa de "Buscando y siendo selectivo", comenzó a sentirse entero de nuevo y se comenzó a interesar en encontrar a alguien. Se sentía cómodo solo y se hacía más disponible. Pero solía evaluar a cada persona nueva con mucho cuidado. Todavía no estaba listo para el compromiso, pero puede que haya querido avanzar hacia una relación cercana.

La última etapa es cuando dijo: "¡Sí, estoy preparado!" Comenzó a funcionar como una persona entera y el matrimonio comenzó a parecer más atractivo que quedarse soltero. Permitió que una relación prosiguiera a su propio ritmo. Estaba listo para un compromiso cuando el riesgo de ese paso era menos temido que no correrlo. Con frecuencia se necesitan de tres a cuatro años después de un divorcio para que esto suceda. Si sucede en el primer año, es demasiado pronto. La espera le da la oportunidad de aprender a encontrar y amar a una persona entera y no a media persona.[2]

Creo que no me equivoco al decir que toda persona que se casa de nuevo después de un divorcio está esperando que sea mejor que el primer matrimonio. Con suerte este deseo los llevará a dar todo paso posible para que ese deseo se convierta en realidad. Pero piense en los comentarios de Jim Smoke sobre los nuevos cónyuges:

Estas son algunas pocas expectativas ocultas de cónyuges nuevos que compartieron conmigo a lo largo de los años. Si alguno de ellos le suena familiar, sáquelos del ocultamiento:

1. Mi nuevo cónyuge me hará mucho más feliz que mi ex pareja.

2. Mi nuevo cónyuge será totalmente diferente de mi ex pareja.

3. Mi nuevo cónyuge siempre me comprenderá.
4. Mi nuevo cónyuge no tendrá ninguno de los malos hábitos que tenía mi ex pareja.
5. Mi nuevo cónyuge será mejor madre o padre que mi ex pareja.
6. Mi nuevo cónyuge nunca me desilusionará.
7. Mi nuevo cónyuge nunca manejará el dinero tan mal como mi ex pareja.
8. Mi nuevo cónyuge me convertirá en una persona mejor y me hará feliz.
9. Mi nuevo cónyuge hará que desaparezca todo el dolor y las heridas de mi matrimonio anterior.
10. Mi nuevo cónyuge es perfecto.

Si cualquier futuro cónyuge de un segundo matrimonio supiera que las expectativas anteriores se referían a él o a ella, probablemente huirían del país.[3]

Esperanza por el segundo matrimonio

He sido alentado por los que han dedicado meses a prepararse asistiendo a cursos de preparación prematrimonial de un segundo matrimonio así como también en sesiones de consejo individual prematrimonial. Pero otras personas solo parecen entrar a su próximo matrimonio como si bailaran un vals suponiendo que va a ser mejor. Pero un segundo matrimonio no es nada mejor que el primero, es más difícil. No solo eso, es mucho más complicado. Si pensó que su primer matrimonio llevaba esfuerzo, puede que se sorprenda de lo que sucede ahora.

En un primer matrimonio, no tenía que compartir su pareja con nadie más, ni su pareja tenía que compartirlo con nadie. Pero si uno o ambos tienen hijos, pueden terminar con cincuenta a setenta y cinco por ciento menos de tiempo y energía para dedicar a construir el nuevo matrimonio. Y en un sentido un segundo matrimonio es similar al primero: El primer año es el más importante cuando se trata de armar el vínculo y construir una relación. Pero con menos tiempo disponible, puede llevar mucho más tiempo.

Al acercarse a un segundo matrimonio, ¿ha pensado en por qué la tasa de divorcio de segundos matrimonios es más alta que para los primeros? Hay algunas razones fáciles de identificar. Puede ayudarlo a tenerlas presentes. A continuación figuran algunos de los factores que hacen que un segundo matrimonio fracase.

Con frecuencia el segundo matrimonio de una persona tiene la intención de castigar a la primera pareja y absolver a la parte castigadora de la culpa.

Hay presión para hacer que funcione el segundo matrimonio. Pueden haber sentimientos de tener que compensar las áreas que faltan del primero y se establece una cantidad de "debería" que pueden mutilar el matrimonio.

Apresurarse a casarse por segunda vez es una de las mejores maneras para que fracase. Algunos segundos matrimonios fracasan debido a una compulsión a la repetición: Elegir el mismo tipo de pareja nuevamente o repetir algunos de los mismos malos hábitos.

El fracaso de aprender de la primera vez contaminará un nuevo matrimonio.[4]

Características de un segundo matrimonio

Un segundo matrimonio es diferente del primero por una cantidad de razones. En un nuevo casamiento hay habitualmente otro elenco de personajes además de ustedes dos y la posibilidad de problemas es ilimitada. Usted también se está involucrando con la familia de origen de su cónyuge, su ex pareja y su familia, hijos del primer matrimonio y también amigos. Las relaciones se expanden al traer a sus propios hijos a la coyuntura. Ahora está relacionado emocionalmente y por ley. ¿Qué sucede si el ex de su nuevo cónyuge se vuelve a casar? Oirá de ellos como si los tuviera también en su vida. En un sentido podría estar casándose con una familia enorme extendida con una cantidad de personas que a ninguno de los dos les importa. ¡Pero están allí con usted!

Y hay numerosas presiones externas que serán nuevas para usted. Vendrán de todos lados desde padres, vecinos, familias, trabajos, escuela y ex miembros de la familia. Oirá comentarios que van de positivos a negativos. "Ah, tú eres la nueva esposa de Bob. Bueno, espero que puedas manejar a sus hijos mejor de lo que lo hizo ella" o "Bueno, Jim, por cierto espero que ayudes a Laura con las finanzas. Creo que eso también le ayudará a tener sus cuentas en orden". Incluso los padres de su nuevo cónyuge pueden tener algún consejo o advertencia para usted. Habrá otros que lo resientan, sientan desagrado por usted, lo comparen, lo amen, lo ignoren y lo acepten. Las posibilidades son infinitas. Algunos pueden alabarlo, asustarlo, socavarlo o darle la bienvenida con los brazos abiertos. He visto de todo. Un hombre que se casó de nuevo dijo: "Mi ex esposa está todavía en mi vida y trata de arruinarla. Envenena la mente de los niños sobre mi nueva esposa y ha difundido historias acerca de ella con los vecinos. ¡Ahora los niños no saben a quién creerle!"

Tenga presente que en un primer matrimonio hay menos personas involucradas que en un segundo y que los sentimientos son mucho menos complicados.

Cuando se casó por primera vez, ¿cómo respondieron sus padres? Probablemente estuvieron tristes o contentos. Con un segundo matrimonio pueden haber dudas, reservas o preocupación sobre si este matrimonio va a funcionar o no. Y si va a haber hijastros involucrados, la aprehensión puede ser incluso mayor de su parte. Considere esta posibilidad: Sus hijos o futuros hijastros se preguntan si van a adecuarse a esta familia y cómo se llevarán con los nuevos miembros de la familia. He visto segundos matrimonios disolverse debido a que uno de los niños odiaba al padrastro tanto que nunca dejaba que los padres estuvieran solos mientras él estaba en la casa. Interrumpía sus conversaciones y en verdad se interponía cuando estaban hablando.

Tal vez sus padres o los padres de su ex pareja se pondrán mal por sus planes de casarse y se preocuparán al no ver tanto a sus nietos. Tal vez el ex cónyuge se preocupará porque usted quiera la custodia, ayuda financiera y cambios en el régimen de visitas. ¡O tal vez querrán esas cosas! Tal vez un ex cónyuge le dará un regalo de casamiento de tener a sus hijos o a los hijos de su nueva pareja para que vivan con usted. Ya ha sucedido antes.

Tenga presente que las personas traen rutinas a un segundo matrimonio que se desarrollaron con un ex cónyuge. Se puede esperar de un nuevo cónyuge que sepa y acepte esas rutinas. ¿Qué sucedería si usted o su nuevo cónyuge tiene una relación estrecha con uno de los padres de un ex cónyuge y quiere mantener esa relación? ¿Cómo afectará a un nuevo matrimonio? Las personas suelen traer recuerdos a un nuevo matrimonio, tanto positivos como negativos. Cuando todo está yendo bien con su nueva pareja, sus recuerdos de la relación previa son negativos. Recuerda los malos momentos. Pero cuando las cosas no están yendo bien con su nueva pareja, puede tender a idealizar la relación anterior. Los matrimonios nuevos pueden ser tierra fértil para las comparaciones. Y si cualquiera de ustedes trae hijos a la relación, habrá una multitud de adaptaciones.

Déjeme hacer algunas sugerencias iniciales basadas en 30 años de aconsejar a personas y parejas casadas, divorciadas y en situaciones prematrimoniales. Hago estas sugerencias con el deseo de que usted tenga la relación satisfactoria que está buscando. Podría muy bien ser que la siguiente serie de sugerencias, comentarios y preguntas sean molestos o incluso ofensivos, pero tienen la intención de traer un sentido de realismo a su futuro.

Si su ex cónyuge no se ha vuelto a casar, ¿ha considerado o intentado la reconciliación o esa puerta está totalmente cerrada?

¿Casarse de nuevo es algo que usted cree que es voluntad de Dios para su vida? ¿Podría explicar los motivos para su respuesta?

¿Ha participado de un programa intensivo de recuperación del divorcio y completó todas las tareas solicitadas? Antes de comenzar una nueva relación, esto es absolutamente necesario. Llevará tiempo y esfuerzo de su parte completarlo, pero es esencial para la recuperación. La dificultad está con frecuencia en encontrar tal oportunidad. Muchas iglesias pequeñas o incluso las medianas no tienen tal ministerio y en comunidades pequeñas es aún más difícil encontrar este tipo de talleres. Afortunadamente ahora hay disponible un programa completo en inglés de recuperación del divorcio en vídeo con un libro de trabajo práctico que lo acompaña que se llama *Divorce Care* [Cuidado del divorcio]. Incluso si nunca se ha casado antes, si se está casando con alguien que sí lo hizo, sería beneficioso para usted participar de un programa de recuperación o usar la serie *Divorce Care*.

Cuanto mayor sea su profundidad de comprensión de la complejidad del divorcio y la recuperación, mayores son sus posibilidades de desarrollar una relación sana.

Dicho sea de paso, si ha experimentado un divorcio y se ha recuperado, tenga cautela al salir con alguien que se haya divorciado recientemente. Tienden a buscarlo para que los rescate y puede que esté tratando con un rebotador.

¿Cómo saber si está preparado?

Una gran pregunta para contestar es: "¿Está preparado para volver a casarse?" Muchas personas que se divorcian viven con miedo y tienen dificultades en confiar. Las posibilidades son que la confianza con su ex pareja se haya roto y que pueda luchar con el hecho de confiar en alguien de nuevo. Y puede que luche con el temor de que la siguiente relación sea una repetición de la primera. La confianza se construye gradualmente. Uno aprende a confiar en sus propias decisiones, juicios y sentimientos. Al hacerlo, el temor desaparecerá.[5]

¿Los demás piensan que está listo para casarse? Si no les ha preguntado a sus amigos más cercanos y a los miembros de su familia, hágalo. Pregúnteles motivos específicos también. ¿Es realista cuando se trata de hacer funcionar un nuevo matrimonio si hay hijos involucrados? Tenga presente que se necesitan por lo menos de cinco a seis años para que una familia combinada se adapte.

Algunas de las parejas con las que trabajo que están considerando volver a casarse se preguntan si realmente están libres de las influencias de su matrimonio anterior lo suficiente como para volver a casarse. Si responde las siguientes preguntas en forma afirmativa, tal vez deba reconsiderar volverse a casar de nuevo en este momento:

¿Este cónyuge se parece físicamente a su ex cónyuge?

¿La calidad de la personalidad que usted valora tanto en esta nueva persona parece ser la que carecía su ex cónyuge?

¿El (los) mismo(s) conflicto(s) que estaban en su matrimonio anterior también existen en esta relación?

¿Tiene resentimiento contra sí mismo o su ex cónyuge por lo que sucedió en su matrimonio?

¿Esta relación comenzó como una aventura amorosa mientras estaba casado anteriormente?

¿Se resiste o se rebela contra algo que le haga recordar a su ex cónyuge o su forma de vida juntos?

¿Pasa mucho tiempo pensando acerca de qué sucede en la vida de su ex cónyuge?

¿Está buscando a alguien que sea un clon de su ex pareja, pero sin defectos?

A veces posponer la decisión de casarse de nuevo es útil para que se produzca la recuperación y el cambio.[6]

¿Se ha tomado el tiempo de descubrir todo lo que puede acerca del matrimonio anterior de su pareja? ¿Qué le gustaba y disgustaba de su ex cónyuge y cuáles eran las expectativas respecto de usted debido a ello? No tenga miedo de preguntar: "¿Qué hiciste mal?" Del mismo modo, esté dispuesto a compartir lo que usted hizo mal si estuvo casado anteriormente. Escuche a su pareja cuando habla de su primer matrimonio. No está simplemente dando a conocer su historia, sino que es una información que influirá en su matrimonio. Los temores y las heridas que llevaron años en acumularse no desaparecerán del día a la noche. Sacar temas afuera es sano. Asegúrese de mirar sus propios temas si estuvo casado anteriormente.

¿Por qué me vuelvo a casar?

Quizá ya está en una nueva relación y está esperando que lleve al matrimonio. Jim Smoke en su útil libro *Growing in Remarriage* [Crecer en el nuevo casamiento], da algunas pautas de cautela respecto de diversos tipos de motivaciones de rescate para el matrimonio. Esto sucede muy frecuentemente en segundos matrimonios. Nosotros tratamos varios de estos en el capítulo 9, incluyendo el rescate emocional, el rescate de la relación y el rescate financiero. Algunas de las mismas razones que nos mantienen en una relación demasiado tiempo nos empujan demasiado pronto a una relación también.

Además de las otras formas de rescate, usted enfrentará nuevamente el tema del sexo. El rescate sexual es un problema que la mayoría de las personas que vuelven a ser solteras tendrán que enfrentar. La preocupación es doble: "¿Tendré sexo de nuevo ahora que soy soltero?" y "¿Podré ser y seré célibe hasta que me vuelva a casar?" Esto se convierte en una gran búsqueda para muchas personas y algunos han descubierto que esta presión los empuja hacia el matrimonio. Pero el impulso sexual por sí mismo no es una razón suficiente para casarse. El celibato y un patrón bíblico de vida son posibles y es más comúnmente practicado de lo que usted puede llegar a creer.

Otra forma de rescate no vale nada: El rescate de los padres. Un padre custodio de uno, dos, tres o cuatro niños está hecho jirones. Muchos segundos matrimonios se han realizado porque el padre o la madre quería otro progenitor más de lo que quería otro cónyuge. Tenga presente que un padre biológico siempre tendrá lazos más fuertes y más inversión emocional en sus hijos que un padrastro o una madrastra. Un segundo matrimonio nunca lo rescatará de ser el padre primario.[7]

Afortunadamente, podemos aprovechar la riqueza de información que se ha acumulado a lo largo de los años acerca de los temas de adaptación en los nuevos matrimonios. Es mucho más simple cuando no hay hijos que llegan al nuevo matrimonio. Pero muchos matrimonios tienen hijos múltiples de ambos lados.

Si usted o su nuevo cónyuge traen hijos al nuevo matrimonio, con suerte habrá una relación sana, de cooperación entre el progenitor biológico y su ex. Pero si se trata de una relación más de adversarios, usted o su nuevo cónyuge pueden necesitar formular alguna forma de política de conducta hacia el ex cónyuge. El propósito de tal política es el siguiente:

— Evitar que un ex cónyuge drene recursos emocionales o materiales de su nuevo matrimonio.
— Evitar que su primer matrimonio interfiera y tenga una influencia negativa en su nuevo matrimonio.
— Evitar que las respuestas de su primer cónyuge lastime a los hijos en su nuevo matrimonio.
— Intentar construir algún tipo de interacción sana y madura entre los primeros cónyuges.

Usted o su nuevo cónyuge pueden necesitar ser firmes en sus respuestas, no estar disponibles a veces cuando el ex cónyuge intenta comunicarse. Aclare muy bien que la nueva relación viene primero y que está dispuesto a ayudar a su nueva pareja a manejar la primera.[8]

Temas principales de adaptación

Estos son algunos de los temas principales de las familias que se vuelven a casar. No se presentan con el fin de amenazarlo o asustarlo, sino para iluminarlo y ayudarlo a hacer las preparaciones y adaptaciones necesarias a fin de tener una relación exitosa. Puede hasta sorprenderse por algunos de estos asuntos, pero se ha descubierto que son muy significativos.

Uno de los temas es qué nombre se usa para el nuevo padre. Cada familia tiene que trabajar un nivel de comodidad para cada miembro.

Primero que nada, *¿cómo lo llama un niño,* un padre "adicional" o "sustituto"? Los niños con frecuencia prefieren pensar en términos de un "padre nuevo" y "padre viejo" o "padre real". O podrían decir "primero" o "segundo". Los hijastros no solo tienen dificultad con el nombre "padrastro o madrastra", sino que también pueden luchar con el nombre nuevo de su madre que es ahora diferente del propio.

La *expresión de amor y afecto a un nuevo padre* no es fácil de resolver, porque implica sentimientos de lealtad o alianza con su propio padre o madre ausentes. Un padrastro o madrastra probablemente experimente tanto sentimientos negativos como positivos de los niños. Algunos niños pueden acercarse mucho al padrastro o a la madrastra y otros permanecen distantes.

La *pérdida del padre natural* generará una reacción de pena. Si los miembros de la familia están trabajando todavía esta respuesta cuando ingresa un miembro de la familia (o varios), tanto la recuperación como los vínculos en la nueva relación se retardarán. La mayor parte de las personas en nuestra sociedad no sabe cómo sentirse apenado, ni los que los rodean saben cómo ayudar en el proceso.

Muchos miembros de familias que vuelven a casarse creen que los *sentimientos de amor y afecto* pueden desarrollarse con facilidad en las relaciones familiares. Esto no sucede habitualmente y un alto nivel de expectativa respecto de esto puede generar un sentido fuerte de desilusión en el nuevo matrimonio. Llevará mucho tiempo. Si van a ser una familia mezclada, considere estas cosas que probablemente sean parte de su experiencia.

Lo que sucede generalmente cuando las familias se unen es:

1. Dedicará mucho tiempo a emparchar las heridas de miembros de la familia fragmentados.
2. Llegará a temerle a las fiestas por el lleva y trae entre aeropuertos.
3. Tendrá más juguetes, cobijas, toallas y bolsas de dormir sin que sepa qué hacer con ellos.
4. Algunos días, se preguntará qué niños pertenecen a qué padre en qué planeta.
5. Pronto se cansará de ser el padrastro o la madrastra "malo".
6. Querrá que todos los niños se vuelvan guardias del tribunal cuando llegue el momento de disciplinar.
3. Se cansará de oír decir a los niños: "Mi padre [madre] real dijo que yo podía hacer..."
8. Será querido y no querido en el mismo minuto algunos días.
9. Esperará que Dios les dé a todos los padrastros un castillo libre de niños en el cielo.[9]

Un quinto tema es la *desilusión que sienten los niños* cuando sus sueños y fantasías de que sus padres se reconcilien no se materialicen. El hecho de un segundo matrimonio pone fin a cualquiera de sus esperanzas. Incluso años después de un divorcio, los niños tienen estos sueños. Si los niños son especialmente cercanos al padre o a la madre que no tiene la custodia y se aferran a sueños de que sus padres se reconcilien, es probable que el nuevo matrimonio experimente dificultades.

El problema número uno en los segundos matrimonios en que hay hijos son los *conflictos por la disciplina*. Algunos padrastros o madrastras prestan poca atención y están alejados, eso no funciona. Algunos participan activamente y son extremadamente restrictivos, eso no funciona. Otros permanecen tentativos y eso no funciona. Entonces, ¿qué funciona? El enfoque que funciona es un abordaje lento, cordial y flexible en el que se entable una amistad para obtener la participación del niño. Sin embargo, el progenitor biológico debe estar a cargo con el padrastro o la madrastra apoyándolo. Pero esto solo funciona cuando hablan de esto por anticipado.

Otra adecuación son los *conflictos entre hermanos*. Si los niños aún están mal y enojados por el divorcio de sus padres, habrá fricción entre los hermanastros. Estas relaciones son críticas para el éxito de las familias combinadas. Cuanto mejor sea la relación entre los hermanastros, mejor es la armonía de toda la familia.

Dentro de una familia combinada encontrará *competencia* durante un tiempo. Por lo general hay una distribución desigual del tiempo y los niños con frecuencia sienten que han sido obligados a elegir entre el padrastro o la madrastra y el progenitor biológico.

Cuanto más grande sea la cantidad de miembros de la familia adquirida, mayor será la *complejidad de las relaciones*. Cuantas más personas hay, más difícil es encontrarse a sí mismo en el sistema. Como dijo un nuevo esposo y padrastro: "Es como si estuviera casado con una multitud que siempre está presente y no solo es difícil saber dónde encaja uno, sino que también es difícil tener tiempo solo".

Una familia que vuelve a casarse también tiene una *mayor potencialidad para la conducta sexual inadecuada*. Esto puede suceder entre hermanastros o lamentablemente, entre un padrastro o una madrastra y un hijastro o una hijastra. A veces la tensión sexual, las fantasías y las ansiedades pueden crear tensión y enojo que pueden interrumpir el funcionamiento normal cotidiano.

Los niños experimentan un *torbellino emocional* cuando van y vienen de su hogar al de su otro progenitor biológico y vuelven de nuevo. Experimentarán incomodidad durante varios días, porque el tiempo de salida y entrada se extiende más allá del tiempo de visita. Hay tanto un tiempo de preparación y un tiempo de recuperación luego del regreso a casa. Por lo general esta interrupción se observa en la escuela. Sentimientos de culpa, pérdida y una necesidad de sentir pena son respuestas normales a esta adaptación.

Puesto que un matrimonio nuevo con niños significa una familia instantánea, *todo problema matrimonial será compuesto*. No hay oportunidad de considerar primero la relación matrimonial. Pero si la relación padrastro e hijastro funciona, tiene un efecto positivo sobre el matrimonio.

Los problemas de dinero podrían ser un tema y es común tener conflictos sobre el mantenimiento de los hijos, el mantenimiento del cónyuge, los testamentos, los fideicomisos, la distribución de activos futuros, el pago de la boda de la hija, los acuerdos prenupciales, etcétera.

Otra preocupación más es la *influencia continua del padre o la madre que no tiene la custodia en las prácticas de crianza del niño.* Si todos los padres no cooperan, un niño siente esta tensión. Cuanto más pronto el matrimonio nuevo siga al divorcio, más competencia habrá entre los padres.[10]

A pesar de todas las adaptaciones, problemas y relaciones múltiples, un segundo matrimonio puede ser un momento de satisfacción en el que cada persona pueda encontrar lo que buscaba siempre en el matrimonio. Al planificar, orar y ser persistente al trabajar en los temas, puede funcionar. Lo he visto suceder una y otra vez. Haga que suceda. Es su elección.

Notas

1. Leslie Altridge Westoff, *The Second Time Around* [La segunda vuelta] (Nueva York: The Viking Press, 1977), pp. 24-27, adaptado.

2. Mel Krantzler, *Learning to Love Again* [Cómo aprender a amar de nuevo] (Nueva York: Thomas Y. Crowell Co., 1977), pp. 102-14, adaptado.

3. Jim Smoke, *Growing in Remarriage* [Cómo crecer en el nuevo matrimonio] (Old Tappan, NJ: Revell, 1990), p. 88.

4. Jean Baer, *The Second Wife* [La segunda esposa] (Nueva York: Doubleday Co., 1972), pp. 209-13, adaptado.

5. Jim Smoke, *Growing in Remarriage* [Cómo crecer en el nuevo matrimonio], pp. 35-40, adaptado.

6. Frederick F. Flach, *A New Marriage* [Un nuevo matrimonio] (Nueva York: McGraw-Hill Book Co., 1978), pp. 65-66, adaptado.

7. Smoke, *Growing in Remarriage* [Cómo crecer en el nuevo matrimonio], pp. 47-54, adaptado.

8. Flach, *A New Marriage* [Un nuevo matrimonio], pp. 137-42, adaptado.

9. Smoke, *Growing in Remarriage* [Cómo crecer en el nuevo matrimonio], p. 92.

10. "Twenty Major Issues in Remarriage Families" [Los veinte principales asuntos en las familias de vueltos a casar] (*Journal of Counseling and Development,* julio y agosto 1992, vol. 70), pp. 709-17, adaptado.

Preguntas de entrevistas para nuevas relaciones

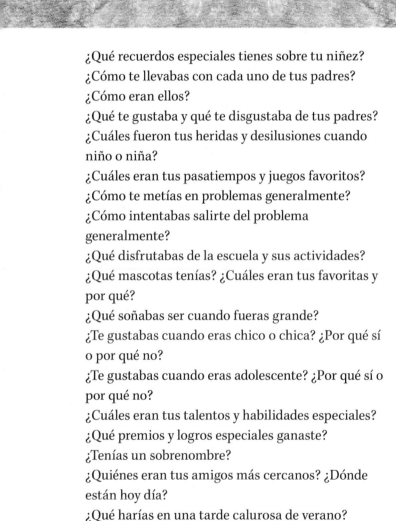

¿Qué recuerdos especiales tienes sobre tu niñez?

¿Cómo te llevabas con cada uno de tus padres?

¿Cómo eran ellos?

¿Qué te gustaba y qué te disgustaba de tus padres?

¿Cuáles fueron tus heridas y desilusiones cuando niño o niña?

¿Cuáles eran tus pasatiempos y juegos favoritos?

¿Cómo te metías en problemas generalmente?

¿Cómo intentabas salirte del problema generalmente?

¿Qué disfrutabas de la escuela y sus actividades?

¿Qué mascotas tenías? ¿Cuáles eran tus favoritas y por qué?

¿Qué soñabas ser cuando fueras grande?

¿Te gustabas cuando eras chico o chica? ¿Por qué sí o por qué no?

¿Te gustabas cuando eras adolescente? ¿Por qué sí o por qué no?

¿Cuáles eran tus talentos y habilidades especiales?

¿Qué premios y logros especiales ganaste?

¿Tenías un sobrenombre?

¿Quiénes eran tus amigos más cercanos? ¿Dónde están hoy día?

¿Qué harías en una tarde calurosa de verano?

Describe la zona donde creciste: Personas, vecindario, etcétera.

¿A qué le tenías miedo? ¿Tienes alguno de esos temores ahora?

¿Cómo te llevabas con tus hermanos o hermanas? Si no tenías hermanos, ¿con qué pariente tenías una relación estrecha?

¿Cuál fue tu primer novio o novia?

¿Con quién saliste y por cuánto tiempo? ¿A dónde iban en sus citas?

¿Cómo te sentías cuando te gustaba alguien y esa persona no sentía lo mismo por ti?

¿Cuál era tu gusto espiritual cuando niño o niña? ¿Cuándo eras adolescente?

¿Cómo ha cambiado tu vida al ser adulto (más de 19)?

¿En qué eres diferente hoy día de lo que eras hace diez años?

¿Cuáles han sido tus mayores desilusiones? ¿Cómo las manejaste?

¿Qué has aprendido de ellas que querrías que yo aprendiera?

¿Qué partes de tu niñez te gustaría revivir?

¿Qué te acuerdas de tu primer día de escuela?

¿Te gustaba ir a la escuela? ¿Por qué sí o por qué no? ¿Cuál fue tu grado favorito y quiénes fueron tus maestros favoritos?

¿A qué edad te comenzó a gustar el sexo opuesto?

¿Cuál fue el orden de nacimiento en tu familia?

¿Tenías dinero suficiente en tu juventud? ¿Suficiente ropa?

¿Quiénes fueron tus otros novios? ¿Qué te gustaba y disgustaba de cada uno?

¿Qué trabajos tuviste?

¿Cuál es el alcance de tu educación y experiencia laboral? ¿Cuáles fueron tus reacciones emocionales ante trabajos, compañeros de trabajo y jefes? ¿Cuáles eran tus ambiciones?

¿Cuáles crees que son tus dones naturales?

¿Qué consideras que son tus puntos fuertes y tus puntos débiles?

¿Cuál es tu historial médico?

¿Cuál es tu fiesta, música, programa de televisión y pasatiempo favoritos?

¿Cuál es tu definición de un cónyuge ideal?

¿Te gustan las mascotas? ¿Cuáles?

¿Cuáles son las cinco personas más importantes de tu vida?

¿Qué líderes o escritores cristianos han influido sobre ti?

¿Quiénes son tus amigos?

¿Dónde te gustaría vivir? ¿En qué país, estado, ciudad, casa, apartamento?

¿Qué piensas sobre envejecer?

¿Quiénes eran los cristianos en tu familia?

¿Cuál ha sido el mejor año de tu vida? ¿Por qué?

¿Quién te educó en el sexo? ¿Cuáles fueron tus experiencias sexuales? ¿Cuál es tu norma para la expresión sexual en este momento de tu vida?

¿Cuál es tu postura política?

¿Qué te gusta leer? ¿Ver en la televisión?

¿Alguna vez tuviste un hijo? ¿Quieres tener hijos?

¿Cuál es la primera cosa que puedes recordar?

¿Quiénes eran tus parientes favoritos?

Apéndice B

Recursos prematrimoniales

Hay una variedad de enfoques a la preparación prematrimonial. El más profundo y útil es el enfoque individualizado en el que se encuentran como pareja con un ministro, pareja lega calificada o consejero durante seis a ocho horas. Es útil asistir a clases en grupo como una fuente adicional de apoyo, pero las sesiones de grupo en sí no son tan eficaces como el enfoque de pareja individual.

A continuación una serie de recursos en castellano publicados por Editorial Portavoz:

Wright, H. Norman. *Después de la boda, meditaciones para parejas.* Las devociones incluidas en este libro inspiran a las parejas a celebrar su matrimonio, enriquecer la comunicación y experimentar la verdadera intimidad.

Bolet, Silvia. *¿Casada o cazada?* Muchas mujeres enfrentan el matrimonio sin estar preparadas para la vida como esposas. La autora presenta una mirada amena acerca de lo que significa ser una esposa según la Palabra de Dios. Da respuestas a preguntas muy comunes y considera una variedad de temas como el valor de la mujer.

Mack, Wayne. *Fortaleciendo el matrimonio.* Información práctica referente al matrimonio que incluye temas como la comunicación, las finanzas, el sexo, la educación de los hijos y la vida cristiana en familia.

Handford, Elizabeth Rice. *¿Yo, obedecer a mi marido?* Traba bíblicamente lo que significa ser una esposa obediente y el camino de Dios para la felicidad y la bendición en el hogar.

De Ferrieres, J. C. *Más puro que el diamante*. Principios bíblicos para ayudar a los jóvenes a comportarse de una manera pura que conduzca a un matrimonio feliz.

Cutrer, W. y Glahn, S. *Intimidad sexual en el matrimonio*. Un libro franco acerca de las relaciones íntimas en la pareja. Escrito por un médico ginecólogo cristiano.

Fasold, Jaime. *Tu media naranja*. Un estupendo libro para jóvenes que buscan su pareja y para matrimonios que desean continuar desarrollando su amor.

George, Elizabeth. *Una esposa conforme al corazón de Dios*. La autora explica el secreto de la felicidad conyugal y proporciona valiosas ideas en importantes aspectos del matrimonio.

George, Jim. *Un esposo conforme al corazón de Dios*. El autor trata acerca de doce áreas de la vida del esposo, proporcionando aplicaciones prácticas para que un esposo sea conforme al corazón de Dios.

Hillerstrom, P. Roger y Karlyn Hillerstrom. *Descubra la diferencia entre amor y sexo*. Los autores, de una manera práctica, proporcionan un enfoque bíblico del sexo, el amor y el matrimonio.

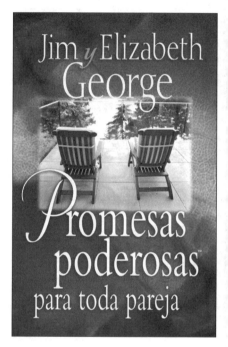